# Anton Tchekhov

## Nouvelles

## РУССКИЕ

Choix, traduction et notes par
Catherine Emery,
traductrice, interprète de Conférence

POCKET

**Les langues pour tous**

Collection dirigée par Jean-Pierre Berman, Michel Marcheteau et Michel Savio

# RUSSE

❑ Pour se débrouiller rapidement
- **Le russe tout de suite !** (CD)

❑ Pour s'initier avec un « tout en un »
- **40 leçons pour parler russe** (CD)

❑ Pour s'aider d'ouvrage de référence
- **Grammaire du russe d'aujourd'hui**

❑ Langue des affaires
- **Faire des affaires en russe tout de suite !** (CD)

❑ Pour prendre contact avec des œuvres en version originale

**Série bilingue**
- **Nouvelles et récits russes classiques 1**
- **Nouvelles et récits russes classiques 2**
- **Tchekhov (Anton) :** Nouvelles

Autres langues disponibles dans les séries de la collection **Langues pour tous**

ALLEMAND - AMÉRICAIN - ARABE - CHINOIS - ESPAGNOL - FRANÇAIS - GREC - HÉBREU
ITALIEN - JAPONAIS - LATIN - NÉERLANDAIS - OCCITAN - POLONAIS - PORTUGAIS
RUSSE - TCHÈQUE - TURC - VIETNAMIEN

# Sommaire

# ABRÉVIATIONS

| | | | |
|---|---|---|---|
| *nom* | nominatif | *m.à.m.* | mot à mot |
| *acc.* | accusatif | *n.* | nom |
| *gén.* | génitif | *cf.* | voir, comparer |
| *dat.* | datif | ≠ | antonyme |
| *instr.* | instrumental | *fam.* | familier |
| *loc.* | locatif | *prép.* | préposition |
| *qqun* | quelqu'un | *syn.* | synonyme |
| *qqch.* | quelque chose | | |

*Les couples de verbes sont donnés dans l'ordre ; imperfectif/perfectif.*


ISBN : 978-2-266-16306-4

## Comment utiliser la série « Bilingue » ?

Les ouvrages de la série « Bilingue » permettent aux lecteurs :

• d'avoir accès aux versions originales de textes célèbres, et d'en apprécier, dans les détails, la forme et le fond, en l'occurrence, ici, des **nouvelles de Tchekhov** ;

• d'améliorer leur connaissance du russe, en particulier dans le domaine du vocabulaire dont l'acquisition est facilitée par l'intérêt même du récit, et le fait que mots et expressions apparaissent en situation dans un contexte, ce qui aide à bien cerner leur sens.

Cette série constitue donc une véritable méthode d'auto-enseignement, dont le contenu est le suivant :

• page de gauche, le texte russe ;

• page de droite, la traduction française ;

• bas des pages de gauche et de droite, une série de notes explicatives (vocabulaire, grammaire, etc.).

Les notes de bas de page aident le lecteur à distinguer les mots et expressions idiomatiques d'un usage courant aujourd'hui, et qu'il lui faut mémoriser, de ce qui peut être trop exclusivement lié aux événements et à l'art de l'auteur.

Il est conseillé au lecteur de lire d'abord le russe, de se reporter aux notes et de ne passer qu'ensuite à la traduction ; sauf, bien entendu, s'il éprouve de trop grandes difficultés à suivre le texte dans ses détails, auquel cas il lui faut se concentrer davantage sur la traduction, pour revenir finalement au texte russe, en s'assurant bien qu'il en a maintenant maîtrisé le sens.

Catherine Emery, interprète et traductrice de littérature russe, a publié notamment, en traduction française, des poésies d'Essiénine (*Poésie d'Europe*, Ed. du Progrès), des poésies pour enfants (Marchak, *Petits d'animaux derrière les barreaux*; Tchoukovski, *Embrouillamini*), des nouvelles de Kouprine (*Youyou*, *L'Eléphant*), divers ouvrages pour la jeunesse (Ed. Radouga): *Les Enfants de l'Arc-en-Ciel* (Sladkov), *Comment l'homme devint un géant* (Iline et Segal), *La Forme de la Terre, découvertes au fil des âges* (Tomiline), *Contes des peuples de l'URSS*, ainsi qu'un recueil consacré à Alexandre Grine et comprenant des nouvelles et deux romans, *Les voiles écarlates* et *Légère sur les flots* (Ed. Radouga).

# Chronologie

**1860** 17 janvier: naissance à Taganrog, sur la mer d'Azov d'Anton Pavlovitch Tchékhov, fils d'un épicier, ancien serf. La famille compte six enfants; Anton est de santé fragile.

**1861** abolition du servage en Russie.

**1867** Anton entre à l'école, puis au lycée.

**1876** le père de Tchékhov, ruiné, emmène à Moscou toute sa famille sauf Anton qui termine ses études secondaires à Taganrog.

**1879** Anton rejoint sa famille qui connaît, à Moscou, de grosses difficultés matérielles. Il commence des études de médecine.

**1880** premier récit de Tchékhov dans une revue satirique. Publications régulières sous le pseudonyme d'Antocha Tchékhonte.

**1881** assassinat d'Alexandre II.

**1884** Tchékhov termine ses études de médecine et exerce non loin de Moscou. Il publie des contes, se lie d'amitié avec Levitan.

**1886** collabore à *Temps nouveau* et se lie avec son directeur, Alexis Souvorine.

**1887** représentation d'*Ivanov* à Moscou. Deux recueils de nouvelles.

**1888** *La Steppe*, première grande œuvre, très remarquée. Reçoit le prix Pouchkine pour son recueil *Dans le crépuscule*.

**1889** son frère Ivan meurt de tuberculose. Tchékhov commence à cracher le sang.

**1890** voyage à Sakhaline «lieu de souffrances insupportables», où il parle aux bagnards; retour par l'Inde. Ecrit *L'Oncle Vania*. Voyage en Italie et en France.

**1892** achète une propriété à Melikhovo. Y soigne le choléra pendant une épidémie.

**1894** écrit *Le Moine noir*. Voyage en Italie et en France avec Souvorine.

**1896** voyages au Caucase, en Crimée, échec de *La Mouette* à Saint-Pétersbourg.

**1897** fondation par Stanislavski et Nemirovitch-Dantchenko du Théâtre d'Art à Moscou (qui montera ses pièces).

**1898** succès de *La Mouette* à Moscou. Tchekhov rencontre Olga Knipper, actrice du Théâtre d'Art.

**1899** Tchékhov, tuberculeux, s'installe à Yalta. *L'Oncle Vania* est joué au Théâtre d'Art.

**1900** Tchékhov est élu académicien. Voyages dans le Caucase, à l'étranger (Autriche, sud de la France).

**1901** succès des *Trois Sœurs* au Théâtre d'Art. Mariage avec Olga Knipper.

**1902** Tchékhov quitte l'Académie après l'exclusion de Gorki.

**1903** *La Cerisaie.*

**1904** mort le 2 juillet à Badenweiler (Forêt-Noire) auprès de sa femme.

# Préface

Tchékhov. Peu d'écrivains d'un pays si différent du nôtre réunissent aussi spectaculairement l'unanimité des suffrages. Sobre et réservé dans un monde riche en contrastes, à travers l'effervescence d'une société en pleine transformation puisque en 1861 le servage est aboli, en 1881 Alexandre II est assassiné, en 1895 Lénine organise à Pétersbourg l'«Union de lutte pour la libération de la classe ouvrière», en 1902 Gorki est exclu de l'Académie pour raisons politiques, tandis que les bagnards de Sibérie sont soumis à un régime inhumain... Anton Pavlovitch Tchékhov est l'écrivain d'un scepticisme prudent, d'un esprit d'observation aigu, joint à une ironie mordante, d'un talent incontestable, sobre et précis, d'une vive sensibilité dans ses tableaux du quotidien, d'une connaissance profonde et honnête de l'homme rongé par la grande usure du temps, attendu et guetté par la mort... «Je voudrais être un artiste libre et c'est tout. Je hais le mensonge et la contrainte sous toutes leurs formes», écrit-il. Quel est-il donc, cet homme désintéressé jusqu'à l'abnégation, ce voyageur infatigable et curieux de tout, cet exilé de Yalta, ce médecin emporté prématurément par la maladie?

Anton Pavlovitch Tchékhov naît le 17 janvier 1860 à Taganrog, petite ville au bord de la mer d'Azov. Son père est un ancien serf, épicier, sa mère petite-fille de serfs elle aussi. Il a cinq frères et sœurs et, dès son enfance, la vie ne le gâte guère. Le commerce paternel périclite, les déménagements sont fréquents, son père oblige ses fils à travailler au magasin, à chanter en choeur à l'église le dimanche...

En 1876 enfin, ruiné, Pavel Iegorovitch Tchékhov quitte brusquement Taganrog avec sa famille pour échapper à la prison pour dettes. Seul Anton demeure dans sa ville natale pour y terminer ses études au lycée; il mène une existence difficile en donnant des leçons pour survivre, envoyant à sa famille aux abois une partie de ses recettes. «Ce que les écrivains nobles prenaient gratuitement à la nature, écrira-t-il, les écrivains roturiers l'achètent au prix de leur jeunesse.» En 1879, Anton rejoint sa famille à Moscou, entreprend des études de médecine et, pour vivre, publie en 1880 son premier récit dans une revue satirique, *La Libellule*. Il poursuivra ses publications sous divers pseudonymes dont celui d'Antocha Tchékhonte que lui donnait jadis un de ses professeurs de lycée. Ses études terminées en 1884, il exerce non loin de Moscou et publie son premier recueil de contes, les *Contes de Melpomène*. Il fait la connaissance de Levitan, peintre paysagiste avec qui il se lie d'amitié. Puis il collabore à la revue *Temps nouveau* dont il devient l'ami du directeur, Alexis Souvorine (1886). Sa première pièce, *Ivanov*, se joue à Moscou où elle connaît un succès mitigé, puis paraît son premier grand récit, *La Steppe* (1888). Son recueil *Dans le crépuscule* lui vaut le prix Pouchkine. «Nous ne ferons pas les charlatans et déclarerons tout simplement qu'il n'y a rien à comprendre dans ce monde. Ceux qui savent et comprennent ne sont que des sots et des charlatans», dit-il à cette époque.

C'est alors qu'il entreprend un voyage à Sakhaline pour y étudier la condition des bagnards. Il les interroge, remplissant des milliers de fiches, puis rentre par mer en passant par Ceylan, paradis terrestre après ces atrocités et, bouleversé, rédige l'étude *L'Ile de Sakhaline*. Il achète près de Moscou, à Melikhovo, une propriété qui sera longtemps le port d'attache de sa famille et y soigne le choléra lors d'une épidémie. Il est épuisé cependant par les visites incessantes, les nombreux trajets; en outre, il est malade et crache le sang.

Il écrit *La Mouette* qui, jouée tout d'abord à Saint-Pétersbourg, est un échec. Elle est bientôt reprise cependant à Moscou par la troupe du Théâtre d'Art, récemment fondée (1897) par Stanislavski et Nemirovitch Dantchenko, et connaît alors un franc succès, en dépit d'un commentaire de Tolstoï qui assurait qu'elle ne valait rien.

Puis Tchékhov, tuberculeux, doit s'exiler l'hiver en Crimée où il achète une villa à Yalta. Il y rencontrera Gorki, Bounine, Kouprine, Tolstoï. Durant cette période, il écrit *La Dame au petit chien*, le Théâtre d'Art monte *L'Oncle Vania* et il fait la connaissance d'Olga Knipper, actrice de ce théâtre. Il voyage, écrit *Les Trois Sœurs* et, en 1901, épouse Olga mais souffre de la séparation étant contraint de rester à Yalta l'hiver tandis qu'Olga, comédienne, est retenue à Moscou. Il a été élu académicien d'honneur, section Belles-Lettres, de l'Académie des Sciences en 1900, mais quittera l'Académie en 1902 pour protester contre l'exclusion de Gorki.

Confiné à Yalta par la maladie, épuisé, il écrit *La Cerisaie*, sa dernière pièce, qui connaîtra un grand succès au Théâtre d'Art.

Son état de santé s'aggrave cependant. Il part avec sa femme en 1904 pour Berlin, s'arrête à Badenweiler en Forêt-Noire. Il se sent mieux, raconte à sa femme pour l'égayer la trame d'une nouvelle histoire humoristique mais, le lendemain, pris d'un malaise, déclare en allemand: «ich sterbe» au médecin appelé à son chevet. On lui tend alors un verre de champagne. «Il y a longtemps que je n'ai bu de champagne...» Ce seront ses dernières paroles.

Ainsi s'éteint à 44 ans, droit et modeste comme il a vécu, l'un des plus grands écrivains de la littérature russe.

## ШВЕДСКАЯ СПИЧКА

*Уголовный рассказ*

## L'ALLUMETTE SUÉDOISE

*Histoire policière*

# I

Утром, 6 октября 1885 года[1], в канцелярию станового пристава 2-го участка С–го уезда[2] явился[3] прилично одетый молодой человек и заявил[4], что его хозяин, отставной гвардии корнет Марк Иванович Кляузов, убит. Заявляя об этом, молодой человек был бледен и крайне взволнован. Руки его дрожали, и глаза были полны ужаса[5].

– С кем я имею честь говорить[6]? – спросил его становой.

– Псеков, управляющий Кляузова. Агроном и механик.

Становой и понятые, прибывшие[7] вместе с Псековым на место происшествия[8], нашли следующее. Около флигеля, в котором жил Кляузов, толпилась[9] масса народу[10]. Весть о происшествии[11] с быстротою молнии облетела окрестности, и народ благодаря праздничному дню[12] стекался[13] к флигелю со всех окрестных деревень. Стоял шум и говор. Кое-где попадались[14] бледные, заплаканные[15] физиономии.

---

1. **6 октября́ 1885:** se lit шесто́го октября́ ты́сяча восемьсо́т во́семьдесят пя́того го́да, gén. de date.
2. **С-го уе́зда:** *du district de S.;* remarquez que même S. se décline et porte la marque du gén.
3. **яви́тся (явлю́сь, яви́шься)/явля́ться:** 1) *apparaître* 2) *se présenter, arriver;* яви́лся наконе́ц! *le voilà enfin!*
4. **заяви́ть/заявля́ть о** + loc.: *déclarer* (officiellement) *que;* заявля́я est un gérondif présent.
5. **полны́ у́жаса:** notez la construction de по́лный avec complément au gén.; здесь полно́ наро́ду (fam.), *c'est plein de gens ici.*
6. **с кем я име́ю честь говори́ть** ou **с кем я име́ю честь:** même expression qu'en français, même omission. Notez la construction de говори́ть с + instr.; я говорю́ с ва́ми, *je vous parle.*
7. **прибы́вшие:** participe passé actif de прибыва́ть/прибы́ть (бу́ду, бу́дешь) на (b) + acc., *arriver.*

# I

Le matin du 6 octobre 1885, un jeune homme correctement vêtu se présenta au bureau du commissaire de police du second secteur du district de S. et déclara que son maître, Marc Ivanovitch Kliaouzov, cornette de la garde en retraite, avait été assassiné. En faisant cette déclaration, le jeune homme était pâle et extrêmement ému. Ses mains tremblaient et ses yeux étaient emplis d'horreur.

– A qui ai-je l'honneur de parler? lui demanda le commissaire.

– Psékov, intendant de Kliaouzov. Agronome et mécanicien.

En se rendant avec Psékov sur les lieux, le commissaire et les témoins instrumentaires y trouvèrent ce qui suit. Près du pavillon où demeurait Kliaouzov, une foule de gens se pressaient. La nouvelle de l'événement s'était répandue dans le voisinage avec la rapidité de l'éclair, et les gens profitaient de ce jour de fête pour affluer vers le pavillon depuis tous les villages environnants. Partout, du bruit, des discussions. L'on voyait, par-ci par-là, des visages blêmes aux yeux rougis.

---

8. **ме́сто преступле́ния:** *le lieu du crime;* ме́сто происше́ствия, m. à m. *le lieu de l'événement.*
9. **толпи́ться:** de толпа́, *foule: s'amasser, se presser.*
10. **ма́сса наро́ду:** notez le gén. partitif de наро́д: *une foule de gens.*
11. **весть о происше́ствии:** *la nouvelle de l'événement;* notez la construction de весть(-и) avec о + loc.
12. **благодаря́ пра́здничному дню:** благодаря́, *grâce à,* se construit avec le dat.; m. à m. *grâce à ce jour de fête, les gens affluaient…*
13. **стека́ться/сте́чься (ку́тся) с** + gén. **k** + dat.: *affluer de… vers…*
14. **попада́ться/попа́сться (ду́сь, дёшься):** *se faire remarquer;* не попада́йся мне бо́льше на глаза́, *que je ne te voie plus!*
15. **запла́канные:** participe passé passif de пла́кать (чу, чешь) запла́кать; запла́канные физионо́мии; m. à m. *des visages pleurés: des visages marqués de pleurs.*

Дверь в спальню Кляузова найдена была запертой[1]. Изнутри торчал[2] ключ.

– Очевидно, злодеи пробрались к нему через окно, – заметил при осмотре двери Псеков.

Пошли в сад, куда выходило окно из спальни. Окно глядело мрачно, зловеще. Оно было занавешено зелёной, полинялой занавеской. Один угол занавески был слегка заворочен[3], что давало возможность заглянуть[4] в спальню.

– Смотрел ли кто-нибудь из вас в окно? – спросил становой.

– Никак нет, ваше высокородие, – сказал садовник Ефрем, маленький седовласый[5] старичок с лицом отставного унтера[6]. – Не до[7] гляденья тут, коли все поджилки трясутся[8]!

– Эх, Марк Иваныч, Марк Иваныч! – вздохнул становой, глядя[9] на окно. – Говорил[10] я тебе, что ты плохим кончишь. Говорил я тебе, сердяге, – не слушался! Распутство не доводит до добра[11]!

– Спасибо Ефрему, – сказал Псеков, – без него мы и не догадались бы[12]. Ему первому пришло на мысль, что здесь что-то не так[13].

---

1. **на́йдена была́ за́пертой:** найдена, participe passé passif de находи́ть/найти́; за́пертой, participe passé passif de запира́ть/запере́ть (пру́, прёшь), l'instr. indique l'état passager des choses: *la porte était présentement fermée.*

2. **торча́ть:** signifie *dépasser;* le clé était donc enfoncée dans la serrure.

3. **завора́чивать/заверну́ть (ну́, нёшь):** 1) *retrousser* (ici) 2) *rouler, envelopper;* вам заверну́ть? *faut-il vous l'emballer?* 3) *tourner.*

4. **загля́дывать/загляну́ть (ну, нешь):** le préverbe за marque la brièveté de l'action: *jeter un coup d'œil.*

5. **седовла́сый:** *à cheveux gris,* formé sur седо́й, *gris* et во́лос, *cheveux.*

6. **у́тнер** (sous-entendu офице́р): du mot allemand Unteroffizier, *sous-officier;* beaucoup de grades militaires et de termes de marine russes sont empruntés à l'allemand.

La porte de la chambre de Kliaouzov fut trouvée fermée. La clé était dans la serrure, à l'intérieur.

– Les canailles ont manifestement pénétré par la fenêtre, fit observer Psékov lors de l'inspection de la porte.

Ils se rendirent au jardin où donnait la fenêtre de la chambre. Cette fenêtre avait un air sombre, lugubre. Elle était tendue d'un rideau vert déteint. L'un des coins du rideau était légèrement relevé, ce qui permettait de jeter un coup d'œil dans la pièce.

– L'un d'entre vous a-t-il regardé par la fenêtre? demanda le commissaire.

– Non, Votre Excellence, dit le jardinier Efrem, petit vieillard aux cheveux gris et au visage de sous-officier en retraite. Il est bien question de regarder quand on tremble de tous se membres!

– Ah, Marc Ivanovitch, Marc Ivanovitch, soupira le commissaire en regardant la fenêtre. Je t'avais dit et répété que tu finirais mal. Je te l'avais bien dit, mon cher, mais tu ne m'as pas écouté. La débauche ne mène à rien de bon!

– Merci à Efrem, dit Psékov, sans lui nous n'aurions rien soupçonné. Il a été le premier à se dire qu'il y avait là quelque chose de louche.

---

7. **не до:** *il est bien question de…;* здесь не до шýток, *ce n'est pas le moment de plaisanter.*
8. **поджи́лки:** (fam.), *ligaments du genou;* все поджи́лки трясýтся у негó, *il tremble de tous ses membres.*
9. **гля́дя:** gérondif présent de глядéть (жý, ди́шь)/поглядéть, *regarder;* не гля́дя, *sans regarder.*
10. **говори́л** (imperfectif): indique que l'action se répétait; слýшался est également à l'imperfectif.
11. **не довóдит до добрá:** *ne mène à rien de bon,* m. à m. *ne mène pas au bien;* они меня довели́! *ils m'ont poussé à bout!*
12. **мы и не догáдывались бы:** m.à m. *nous n'aurions pas deviné,* conditionnel de догáдываться/догадáться; notez l'emploi de и au sens de *même.*
13. **что-то не так:** m. à m. *qqch n'est pas comme ça; il y a qqch qui cloche.*

Приходит[1] сегодня ко мне утром и говорит: «А отчего это наш барин[2] так долго не просыпается[3]? Целую неделю из спальни не выходит!» Как сказал он мне это, меня точно кто обухом[4]... Мысль сейчас мелькнула[5]... Он не показывался с прошлой субботы, а ведь сегодня воскресенье! Семь дней – шутка сказать[6]!

– Да, бедняга... – вздохнул еще раз становой. – Умный малый[7], образованный, добрый такой.
В компании, можно сказать, первый человек. Но распутник, царствие ему небесное[8]! Я всего ожидал! Степан, – обратился становой к одному из понятых, – съезди[9] сию минуту ко мне[10] и пошли Андрюшку к исправнику, пущай доложит[11]! Скажи: Марка Иваныча убили! Да забеги к уряднику – чего он там прохлаждается[12]? Пущай сюда едет! А сам ты поезжай как можно скорее к следователю Николаю Ермолаичу[13] и скажи ему, чтобы ехал сюда! Постой[14], я ему письмо напишу.

Становой расставил вокруг флигеля сторожей, написал следователю письмо и пошел к управляющему пить чай[15].

---

1. **прихóдит:** remarquez le présent. En russe un récit au passé est fréquemment entrecoupé de scènes au présent, plus vivantes.
2. **бáрин:** *maître, barine:* c'est ainsi qu'un propriétaire foncier ou un noble est appelé par ses gens.
3. **так дóлго не просыпáется:** m. à m. *est si longtemps sans se réveiller.*
4. **óбух:** *tête de hache* (côté non tranchant); как óбухом по головé, *comme un coup de massue sur la tête;* ici по головé est sous-entendu.
5. **мелькáть/мелькнýть (нý, нёшь):** 1) *passer rapidement;* чéрез окнó вагóна мелькáют дерéвья, *les arbres défilent devant la fenêtre du wagon* 2) *émettre une lumière intermittente;* звёзды мелькáют, *les étoiles scintillent.*
6. **щýтка сказáть:** *une plaisanterie* (m. à m. *à dire*), ironique ici.

Il est venu me voir ce matin et m'a dit: «Pourquoi donc est-ce que notre maître reste si longtemps à dormir? Ça fait une semaine qu'il ne sort pas de sa chambre!» Quand il m'a dit cela, j'ai eu l'impression de recevoir un coup de massue... Et l'idée m'est venue instantanément... Il n'est pas sorti depuis samedi dernier, et c'est aujourd'hui dimanche. Sept jours, ce n'est pas rien!

– Oui, le pauvre, soupira de nouveau le commissaire. C'était un gars intelligent, cultivé, et un si brave cœur. Le meilleur, peut-on dire, en société. Mais un noceur! Dieu ait son âme! Je m'attendais à tout. Stépan! ajouta-t-il en s'adressant à l'un des témoins, va-t'en chez moi sur-le-champ et envoie Andrioucha chez le chef de police lui annoncer la nouvelle. Dis-lui que Marc Ivanovitch a été assassiné! Et cours chez le brigadier, il s'est assez prélassé! Qu'il vienne ici! Quant à toi, va le plus vite possible trouver le juge, Nikolaï Ermolaïevitch et dis-lui de venir. Attends, je vais lui écrire une lettre.

Le commissaire plaça des gardes autour du pavillon, écrivit une lettre au juge et s'en fut chez l'intendant prendre le thé.

---

7. **ма́лый:** 1) *petit* 2) (fam.) *gars, garçon* (n.).
8. **ца́рство ему́ небе́сное:** m. à m. *à lui le royaume des cieux = Dieu ait son âme.*
9. **съе́зди** (fam.): impératif, pour съезжа́й; l'emploi de езжа́ть/е́здить (жу, здишь), implique un trajet en voiture ou à cheval; съезд, *congrès.*
10. **ко мне́:** *chez moi;* заходи́ к нам, *viens chez nous.*
11. **пуща́й доло́жит:** populaire, pour пуска́й доло́жит, *qu'il annonce* (la chose).
12. **прохлажда́ться/прохлади́ться (жу́сь, ди́шься):** de холод, *froid: 1) prendre le frais, 2) se prélasser*; прохлади́тельный напиток, *boisson rafraîchissante.*
13. **Ермола́ич:** fam. pour Ермола́евич.
14. **посто́й!:** de стоя́ть (ю́, и́шь), *attends,* syn. подожди́ (жду́, ждёшь), погоди́ (жу́, ди́шь) (fam.).
15. **пить чай:** le thé ne se prend pas en russe mais *se boit,* ce qui est logique.

Минут через десять он сидел на табурете, осторожно кусал сахар и глотал[1] горячий, как уголь, чай.

– Вот-с[2]... – говорил он Псекову. – Вот-с... Дворянин, богатый человек... любимец богов[3], можно сказать, как выразился[4] Пушкин, а что из него вышло[5]? Ничего! Пьянствовал, распутничал[6], и... вот-с!.. убили.

Через два часа прикатил следователь. Николай Ермолаевич Чубиков (так зовут следователя), высокий, плотный старик, лет шестидесяти, подвизается на своем поприще[7] уже четверть столетия. Известен[8] всему уезду как человек честный, умный, энергичный и любящий свое дело.

На место происшествия прибыл с ним и его непременный спутник, помощник и письмоводитель[9] Дюковский, высокий молодой человек лет двадцати шести.

– Неужели, господа? – заговорил[10] Чубиков, входя в комнату Псекова и наскоро пожимая[11] всем руки. – Неужели? Марка Иваныча? Убили? Нет, это невозможно! Не-воз-мож-но!

---

1. **глота́л:** imperfectif indiquant que l'action se poursuit dans le temps; comme on ne saurait avaler lentement et longtemps, cela signifie donc qu'il buvait à petites gorgées.
2. **вот-с, с:** particule de déférence, abréviation du mot су́дарь (-я) *monsieur;* ne s'emploie plus en russe actuel qu'avec ironie.
3. **люби́мец бого́в:** m. à m. *le bien-aimé des dieux;* люби́мец пу́блики, *l'idole du public,* cf. люби́мый, *aimé, bien-aimé.*
4. **выража́ться/вырази́ться (жу́сь, зи́шься):** 1) (ici) *s'exprimer* noter l'emploi du préverbe вы *sortir de* comme dans le français exprimer; 2) *jurer,* что вы здесь выража́етесь? *qu'avez-vous à jurer ici?*
5. **что из него́ вы́шло?:** *qu'a-t-il donné;* m. à m. *qu'est-il sorti de lui;* из него ничего́ хоро́шего не вы́шло, *il n'a rien donné de bon.*
6. **пья́нствовал/распу́тничал:** m.à m. *s'enivrait, était débauché;* l'imperfectif indique la durée de l'action; ces verbes, et c'est logique, n'ont pas de perfectif.
7. **подвиза́ться на своём по́прище:** (emphatique) *suivre une carrière,* подвиза́ться на дипломати́ческом по́прище, *suivre la carrière diplomatique.*

Une dizaine de minutes plus tard, il était assis sur un tabouret, grignotait précautionneusement un morceau de sucre et buvait à petites gorgées un thé brûlant comme braises.

– Et voilà..., disait-il à Psékov. Et voilà... Un noble, un homme riche... aimé des dieux, pourrait-on dire, selon l'expression de Pouchkine, et qu'est-ce qu'il a donné? Rien! Un ivrogne, un débauché et... voilà... on l'a assassiné.

Le juge arriva dans sa voiture deux heures plus tard. Nikolaï Ermolaïevitch Tchoubikov (tel était le nom du juge), vieil homme solide et de haute taille, d'une soixantaine d'années, exerçait ses nobles fonctions depuis un quart de siècle déjà. Il était connu dans tout le district comme un homme honnête, intelligent, énergique, aimant son métier.

Il était accompagné sur les lieux du crime par Dioukovski, grand jeune homme de vingt-six ans, son compagnon inséparable, assistant et secrétaire.

– Est-il possible, messieurs? dit Tchoubikov en entrant chez Psékov et serrant rapidement la main à chacun. Est-il possible? Marc Ivanovitch? Assassiné? Non, c'est impossible. Im-pos-si-ble!

---

8. **изве́стен** + dat.: *connu de;* это всему́ ми́ру изве́стно, *c'est connu du monde entier*.
9. **письмоводи́тель:** *(vieilli) secrétaire,* de письмо́, *lettre* et вести́ (веду́, дёшь) води́ть (жу́, дишь), *conduire;* води́тель, *conducteur*.
10. **загова́ривать/заговори́ть:** le préverbe за indique ici le début de l'action: le juge a rompu le silence; ce verbe signifie également *guérir par incantations et formules magiques:* зу́бы загова́ривать, *faire passer le mal de dents par des formules* – ce qui arrive encore; au figuré, la même expression signifie *donner le change:* что ты мне зу́бы загова́риваешь? *pourquoi essaies-tu de me donner le change?*
11. **пожима́я:** gérondif présent de пожима́ть/пожа́ть (жму́, жмёшь), *serrer*.

– Подите[1] же вот… – вздохнул становой.

– Господи ты боже мой! Да ведь я же его в прошлую пятницу на ярмарке в Тарабанькове видел! Я с ним, извините, водку пил!

– Подите же вот… – вздохнул еще раз становой.

Повздыхали, поужасались[2], выпили по стакану чаю[3] и пошли к флигелю.

– Расступись[4]! – крикнул урядник народу.

Войдя во флигель, следователь занялся прежде всего осмотром двери в спальню[5]. Дверь оказалась[6] сосновою, выкрашенной в желтую краску и неповрежденной. Особых примет, могущих[7] послужить какими-либо указаниями, найдено не было[8]. Приступлено было ко взлому.

– Прошу, господа, лишних[9] удалиться! – сказал следователь, когда после долгого стука и треска дверь уступила[10] топору и долоту. Прошу это в интересах[11] следствия… Урядник, никого не впускать[12]!

Чубиков, его помощник и становой открыли дверь и нерешительно[13], один за другим, вошли в спальню. Их глазам представилось следующее зрелище[14].

---

1. **подúте, подú:** (fam.) impératif déformé de пойтú, 1) подú с ним, *essaie toujours de lui faire entendre raison;* 2) онú подú ужé уéхали *peut-être, ils ont déjà dû partir.*

2. **повздыхáли, поужасáлись:** le préverbe *no* indique que l'action a duré un certain temps puis a cessé.

3. **по стакáну чаю:** *chacun un verre de thé,* sens distributif de *no*; возьмúте по я́блоку, *prenez chacun une pomme.*

4. **расступúсь!:** notez l'emploi du singulier dans cet ordre donné à la foule, de même dans les ordres militaires.

5. **дверь в спáльню:** *la porte de,* дверь в + acc.

6. **окáзываться/оказáться (жýсь, жешься)** + instr.: *se trouver être;* как вы оказáлись здесь? *que venez-vous faire ici?*

7. **могýщих:** participe passé actif de мочь (могý, мóжешь), *pouvant,* cf. могýчий, *puissant.*

8. **нáйдено бы́ло:** emploi du participe passé passif et de la forme passive impersonnelle dans le style officiel, même chose dans пристýплено бы́ло plus loin; plus simplement, on dirait: нашлú, приступúли.

– Et pourtant, voilà..., soupira le commissaire.

– Seigneur tout-puissant! Je l'ai pourtant vu vendredi dernier à la foire de Tarabankov! Et, pardonnez-moi, j'ai bu avec lui de la vodka!

– Et pourtant, voilà!.., soupira derechef le commissaire.

Tous soupirèrent, exprimèrent leur consternation, burent chacun un verre de thé et se rendirent au pavillon.

– Place! cria le sous-officier à la foule.

Une fois entré dans le pavillon, le juge s'employa avant tout à examiner la porte de la chambre. Cette porte était en pin, peinte en jaune et intacte. Il ne fut pas découvert d'indices particuliers pouvant fournir des renseignements quelconques. Et l'on entreprit de la forcer.

– Messieurs, je prie toutes les personnes extérieures de s'écarter! dit le juge lorsque, après maints coups et craquements, la porte céda à la hache et au ciseau. Je vous en prie, dans l'intérêt de l'enquête... Brigadier, ne laissez entrer personne!

Tchoubikov, son assistant et le commissaire ouvrirent la porte et, d'un pas hésitant, tous pénétrèrent l'un après l'autre dans la chambre. Voici le spectacle qui s'offrit à eux.

---

9. **ли́шний:** *superflu,* ici *personne superflue;* он вы́пил ли́шнего, *il a trop bu.*

10. **уступа́ть/уступи́ть (плю́, пишь)** + dat.: *céder;* зима́ уступа́ет весне́, *l'hiver cède ses droits au printemps;* уступи́те мне я́щик я́блок за 5 рубле́й! *cédez-moi une caisse de pommes pour cinq roubles!*

11. **в интере́сах** + gén.: notez le pluriel en russe.

12. **впуска́ть:** infinitif à valeur d'impératif; встáть! (аю, аёшь) *levez-vous!*

13. **нереши́тельно:** de реши́тельно, *avec assurance*; реши́тельно ничего́ *absolument rien;* реши́тельный челове́к, *un homme résolu.*

14. **их глазам предста́вилось сле́дующее зре́лище:** m. à m. *à leurs yeux se présenta le spectacle suivant.*

У единственного окна стояла большая деревянная кровать с огромной пуховой периной[1]. На измятой[2] перине лежало скомканное[3], измятое одеяло. Подушка в ситцевой наволочке, тоже сильно помятая, валялась[4] на полу. На столике перед кроватью лежали серебряные часы и серебряная монета двадцатикопеечного достоинства[5]. Тут же лежали и серные[6] спички. Кроме кровати, столика и единственного стула, другой мебели[7] в спальне не было. Заглянув[8] под кровать, становой увидел десятка два пустых бутылок, старую соломенную шляпу и четверть водки[9]. Под столиком валялся один сапог, покрытый пылью. Окинув взглядом[10] комнату, следователь нахмурился и покраснел.

– Мерзавцы! – пробормотал он, сжимая кулаки.

– А где же Марк Иваныч? – тихо спросил Дюковский.

– Прошу вас не вмешиваться! – грубо сказал ему Чубиков. – Извольте[11] осмотреть пол! Это второй такой случай[12] в моей практике, Евграф Кузьмич, – обратился он к становому, понизив[13] голос. – В тысяча восемьсот семидесятом году был у меня тоже такой случай[14]. Да[15] вы наверное помните...

---

1. **перйна:** *édredon de plumes,* formé sur перó, *plume;* cf. пух, *duvet,* ни пухá ни перá, m. à m. *ni duvet, ni plume,* à quoi il convient de répondre к чёрту, *au diable,* de préférence en crachant trois fois, signifie *bonne chance.*

2. **мя́ть (мнý, мнёшь)/измя́ть (изомнý, изомнёшь):** *froisser, fouler, déranger;* le perfectif ici indique que l'action a été poussée à l'extrême.

3. **скóмканное:** participe passé passif de комкáть/скомкáть, *réduire à l'état d'amas;* комóк, *amas, boule;* у меня́ комóк в гóрле, *j'ai une boule dans la gorge.*

4. **валя́ться/поваля́ться:** *être vautré* (pour une personne), *être posé ailleurs qu'à sa place, en désordre,* (pour un objet); пья́ным валя́ться, *être complètement ivre* (à rouler par terre).

5. **двадцатикопéечного достóинства:** *d'une valeur de vingt kopecks;* достóинство, *valeur, dignité;* с достóинством, *dignement.*

Sous l'unique fenêtre, un grand lit de bois à l'énorme édredon de plumes. Sur l'édredon en bataille, la couverture, en boule, avait été piétinée. L'oreiller, dans une taie de coton, fortement meurtri lui aussi, gisait sur le sol. Sur la petite table, devant le lit, une montre en argent et une pièce d'argent d'une valeur de douze kopecks. Et à côté, des allumettes soufrées. Il n'y avait pas d'autres meubles dans la chambre que le lit, la table et une chaise unique. En regardant sous le lit, le commissaire y aperçut deux dizaines de bouteilles vides, un vieux chapeau de paille et un quart de vodka. Sous la table traînait une botte, couverte de poussière. Ayant parcouru la pièce du regard, le juge se renfrogna et devint rouge.

– Les misérables! marmonna-t-il en serrant les poings.

– Et où est donc Marc Ivanovitch? murmura Dioukovski.

– Je vous prie de ne pas intervenir, lança rudement Tchoubikov. Veuillez examiner le plancher! C'est le second cas de ma carrière, Evgraf Kouzmitch, poursuivit-il, s'adressant au commissaire et baissant la voix. En 1870 déjà, j'ai rencontré un cas semblable. Et vous vous en souvenez certainement…

---

6. **сéрные:** formé sur сéра, *soufre.*
7. **мéбель(-и):** *meubles;* notez le singulier.
8. **заглядывать/заглянýть (ну, нешь):** cf. note 4, p. 16.
9. **чéтверть вóдки:** pour чéтверть лйтра вóдки, *un quart de litre de vodka.*
10. **окúнув взглядом:** *ayant embrassé du regard,* окúнув participe passé passif de окúдывать/окúнуть (ну, нешь); syn. осмотрéв.
11. **извóльте:** forme distinguée, impératif: *veuillez.*
12. **вторóй такóй слýчай:** m. à m. *le deuxième pareil cas.*
13. **понúзив:** gérondif passé de понижáть/понúзить (жу, зишь), *baisser.*
14. **был такóй слýчай:** notez l'emploi de был; бы́ло дéло *cela s'est bien passé ainsi.*
15. **да:** particule d'insistance, ici, *d'ailleurs;* да нéт, *mais non.*

Убийство[1] купца Портретова. Там тоже так. Мерзавцы убили и вытащили труп через окно...

Чубиков подошел к окну, отдернул[2] в сторону занавеску и осторожно пихнул окно. Окно отворилось.

– Отворяется, значит не было заперто... Гм!.. Следы на подоконнике. Видите? Вот след от колена... Кто-то лез[3] оттуда... Нужно будет как следует[4] осмотреть окно.

– На полу ничего особенного не заметно, – сказал Дюковский. – Ни пятен[5], ни царапин. Нашел одну только обгоревшую[6] шведскую спичку. Вот она! Насколько я помню, Марк Иваныч не курил; в общежитии[7] же он употреблял[8] серные спички, отнюдь же не шведские. Эта спичка может служить[9] уликой...

– Ах... замолчите, пожалуйста! – махнул[10] рукой следователь. – Лезет со своей спичкой! Не терплю горячих голов! Чем[11] спички искать, вы бы лучше постель осмотрели!

По осмотре[12] постели Дюковский отрапортовал:

– Ни кровяных, ни каких-либо других пятен... Свежих разрывов также нет. На подушке следы зубов.

---

1. **убийство:** *meurtre;* убийца, *meurtrier;* убитый, *victime;* убивать/убить (бью, бьёшь), *tuer;* убиваться/убиться 1) *se tuer* 2) *se tourmenter,* не убивайся же так! *ne te tourmente pas tant!*

2. **отдёргивать/отдёрнуть (ну, нешь):** *repousser d'un coup;* le préverbe от donne la notion d'écartement; дёргать/дёрнуть (ну, нешь), signifie *secouer, tirer brusquement,* за рукав, *tirer par la manche;* дёрнуть зуб (fam.), *arracher une dent.*

3. **лезть (зу, зешь)/полезть:** 1) *grimper,* кот на дерево полез, *le chat est grimpé dans l'arbre;* 2) *importuner,* что он вечно лезет с вопросами? *qu'est-ce qu'il a à toujours poser des questions?*

4. **как следует:** m. à m. *comme il convient,* здесь следует говорить тихо, *ici il convient de parler à voix basse.*

5. **пятен:** gén pluriel de пятно, *tache;* пятнистый, *tacheté.*

6. **обгорать/обгореть (рю, ришь):** de гореть (рю, ришь), *brûler,* le préverbe об signifiant *tout autour.*

Le meurtre du marchand Portrétov. Là aussi, la même chose. Les meurtriers avaient tué puis traîné le cadavre par la fenêtre…

Tchoubikov approcha de la fenêtre, ouvrit le rideau et la poussa précautionneusement. Elle s'ouvrit.

– Elle s'ouvre, donc elle n'était pas fermée… Hum!.. Des traces sur le rebord. Vous voyez? Voici une trace de genou… Quelqu'un est entré par là. Il faudra examiner soigneusement cette fenêtre.

– Rien de particulier à signaler sur le plancher, dit Dioukovski. Pas de taches ni d'éraflures. Je n'ai trouvé qu'une allumette suédoise brûlée. La voilà. Autant que je me souvienne, Marc Ivanovitch ne fumait pas et, dans la vie quotidienne, il utilisait des allumettes soufrées et nullement des allumettes suédoises. Cette allumette peut servir de preuve…

– Ah… Taisez-vous, s'il vous plaît, dit le juge avec un geste de la main. Le voilà avec son allumette! Je ne supporte pas les têtes brûlées! Au lieu de chercher des allumettes, vous feriez mieux d'examiner le lit!

Après l'inspection du lit, Dioukovski fit son rapport:

– Ni taches de sang ni autres… Pas de déchirures fraîches non plus. Des traces de dents sur l'oreiller.

---

7. **общежи́тие:** 1) *foyer* (d'étudiants, de travailleurs) 2) *vie quotidienne* (ici).
8. **употребля́ть/употреби́ть (блю́, би́шь):** *utiliser, employer;* notez: я во́дку не употребля́ю, *je ne bois pas*.
9. **служи́ть/послужи́ть** + instr.: *servir de;* чем могу́ служи́ть? *en quoi puis-je vous être utile?* remarquez: соба́ка слу́жит, *le chien fait le beau*.
10. **маха́ть (шу, шешь)/махну́ть (ну́, нёшь) руко́й:** 1) *faire de la main un geste d'impuissance* 2) (par extension) *laisser faire, se résigner (на* + acc.) я давно́ махну́л руко́й на э́ту неорганизо́ванность, *il y a longtemps que je me suis résigné à ce manque d'organisation*.
11. **чем:** remplace ici вместо того, что́бы et fait pendant à вы бы лу́чше: *au lieu de… vous feriez mieux de*.
12. **по осмо́тре:** formule officielle, *après inspection;* plus simplement, on dirait: по́сле осмо́тра.

Одеяло облито[1] жидкостью, имеющею[2] запах пива и вкус его же... Общий вид постели дает право думать[3], что на ней происходила борьба.

– Без вас знаю, что борьба! Вас не о борьбе спрашивают. Чем борьбу-то искать, вы бы лучше[4]...

– Один сапог здесь, другого же нет налицо[5].

– Ну, так что же[6]?

– А то, что его задушили, когда он снимал[7] сапоги. Не успел он снять другого сапога, как...

– Понес[8]!.. И почем[9] вы знаете, что его задушили?

– На подушке следы зубов. Сама подушка[10] сильно помята и отброшена[11] от кровати на два с половиной аршина[12].

– Толкует[13], пустомеля[14]! Пойдемте-ка лучше в сад. Вы бы лучше в саду посмотрели, чем здесь рыться[15]... Это я и без вас сделаю.

Придя в сад, следствие прежде всего занялось[16] осмотром травы. Трава под окном была помята[17]. Куст репейника под окном у самой стены оказался тоже помятым.

---

1. **обливáть/облúть (лью, льёшь):** *mouiller, inonder;* лить, *verser.*
2. **имеющего:** participe présent actif de имéть, ici au génitif.
4. **даёт прáво дýмать:** m. à m. *donne le droit de penser: donne à penser.*
4. **вы бы лýчше:** *vous feriez mieux de,* marquant le conditionnel; ты бы приéхал к нам, *tu devrais venir nous voir.*
5. **налицó:** быть налицó, *être présent;* фáкты налицó, *les faits sont là.*
6. **ну, так чтó же?:** m.à m. *eh bien, et alors?*
7. **снимáть/снять (сниму, снúмешь):** *retirer,* снимáйте, пожáлуйста, пальтó, *retirez, je vous prie, votre manteau.*
8. **понестú:** *s'emballer, prendre le mors aux dents,* au sens propre et au figuré.
9. **почём:** syn, как (ici), *comment.*
10. **самá подýшка:** m. à m. *l'oreiller lui-même.*
11. **отбрóшена:** participe passé passif de отбрáсывать, отбрóсить (шу, сишь); le préverbe от indique la séparation.

La couverture est mouillée d'un liquide ayant l'odeur de la bière et sa saveur... L'aspect général du lit donne à penser qu'il s'y est déroulé une lutte.

– Je le sais bien sans vous, qu'il y a eu lutte! Ce n'est pas cela qu'on vous demande. Au lieu de chercher des luttes, vous feriez mieux...

– L'une des bottes est là, l'autre manque.

– Eh bien, qu'en concluez-vous?

– Qu'il a été étouffé tandis qu'il retirait ses bottes. Il n'avait pas eu le temps de retirer l'autre lorsque...

– Le voilà emballé!... Et comment savez-vous qu'on l'a étouffé?

– Il y a des traces de dents sur l'oreiller. Celui-ci a été malmené et lancé sur le sol à deux archines et demie du lit.

– Voyez-moi ce moulin à paroles! Allons plutôt au jardin. Vous feriez mieux de regarder le jardin que de fouiller ici... Cela, je vais le faire sans vous.

En arrivant au jardin, les enquêteurs s'employèrent avant tout à examiner l'herbe. Elle avait été foulée sous la fenêtre. Un buisson de bardane, sous la fenêtre aussi, tout contre le mur, avait été piétiné également.

---

12. **два с полови́ной арши́на:** notez l'ordre des mots; une archine équivaut à 0,71 mètre.

13. **толкова́ть (у́ю, у́ешь)/истолкова́ть:** *commenter, expliquer;* толко́вый, *sensé, intelligent;* толко́вый па́рень, *un gars intelligent.*

14. **пустоме́ля:** de пусто́й, *vide,* et моло́ть (е́лю, е́лешь) *moudre;* моло́ть языко́м, *faire marcher sa langue,* cf. note 12, p. 51.

15. **ры́ться (ро́юсь, о́ешься)/поры́ться:** *fouiner, fouiller;* что ты ве́чно ро́ешься в э́тих бума́гах? *qu'as-tu à fouiller constamment parmi ces papiers?* рыть/поры́ть, *creuser,* рыть я́му, *creuser un trou.*

16. **занима́ться/заня́ться (займу́сь, мёшься)** + instr.: *être occupé à;* чем вы здесь занима́етесь? *que faites-vous ici?*

17. **помя́та:** participe passé passif de мять (мну́, мнёшь)/ помя́ть, *froisser, fouler.*

Дюковскому удалось[1] найти на нем несколько поломанных веточек и кусочек ваты. На верхних головках были найдены[2] тонкие волоски темно-синей шерсти.

– Какого цвета был его последний костюм? – спросил Дюковский у Псекова.

– Желтый, парусинковый.

– Отлично. Они, значит, были в синем.

Несколько головок репейника было срезано[3] и старательно[4] заворочено[5] в бумагу. В это время приехал исправник Арцыбашев-Свистаковский и доктор Тютюев. Исправник поздоровался и тотчас же[6] принялся[7] удовлетворять свое любопытство; доктор же, высокий и в высшей степени[8] тощий человек со впалыми[9] глазами, длинным носом и острым подбородком, ни с кем не здороваясь[10] и ни о чем не спрашивая, сел на пень, вздохнул[11] и проговорил[12]:

– А Сербы опять взбудоражились[13]! Что им нужно, не понимаю! Ах, Австрия, Австрия! Твои это дела[14]!

Осмотр окна снаружи не дал решительно ничего; осмотр же травы и ближайших к[15] окну кустов дал следствию много полезных указаний.

---

1. **удава́ться/уда́ться:** se construit avec le dat., *réussir;* мне удало́сь прие́хать во́время, *j'ai réussi à venir à temps;* мне ничего́ не удаётся, *je n'arrive à rien.*
2. **на́йдены:** participe passé passif de находи́ть (жу́, дишь)/ найти́ (ду́, дёшь).
3. **ре́зать (жу, жешь)/сре́зать:** *couper;* сре́зано, participe passé passif; в э́том фи́льме мно́гое сре́зано: *il y a beaucoup de coupures dans ce film.*
4. **стара́тельно:** *soigneusement;* стара́ться, *s'appliquer.* не доста́точно стара́ется, (d'un écolier) *manque d'application.*
5. **заворoти́ть (чу́, тишь):** vieilli pour заверну́ть (ну́, нёшь) *envelopper,* imperfectif: завора́чивать, ici participe passé passif.
6. **тотчас же:** *immédiatement,* же renforce encore la notion d'immédiateté.
7. **принима́ться/приня́ться (приму́сь, при́мешься):** *se mettre à* он встал и приня́лся растопи́ть пе́чку, *il se leva et se mit à allumer le poêle.*

Dioukovski put y découvrir plusieurs branches cassées et un petit morceau de coton. Sur les boules du haut, il trouva plusieurs fibres fines d'un tissu de laine bleu marine.

– De quelle couleur était son dernier costume? demanda Dioukovski à Psékov.

– Jaune, en toile.

– Parfait. Donc, eux portaient du bleu marine.

Plusieurs boules de bardane furent coupées et soigneusement enveloppées dans du papier. Sur ces entrefaites survint le chef de police, Artsybachev-Svistakovski ainsi que le docteur Tioutiouïev. Le chef de police salua et entreprit immédiatement de satisfaire sa curiosité; quant au docteur, un grand homme extrêmement maigre aux yeux enfoncés, au long nez et au menton pointu, il ne salua personne, ne demanda rien, s'assit sur une souche, soupira et dit:

– Et voilà les Serbes qui s'agitent encore! Que leur faut-il donc, je me le demande! Ah, Autriche, Autriche! C'est bien de ta faute!

L'examen de la fenêtre, à l'extérieur, ne donna rigoureusement rien, mais celui de l'herbe et des buissons voisins fournit maintes indications utiles.

---

8. **в вы́сшей сте́пени:** *au plus haut degré;* это в вы́сшей сте́пени глу́по, *c'est stupide au plus haut point.*

9. **впа́лый:** *creusé;* m. à m. *tombé à l'intérieur.*

10. **здоро́ваться/поздоро́ваться** + instr.: *saluer qqn,* ici gérondif présent; sans saluer personne; что ты со мной не поздоро́вался сего́дня? *pourquoi ne m'as-tu pas salué aujourd'hui?*

11. **вздыха́ть/вздохну́ть (ну́, нёшь):** *soupirer;* вздох *soupir.*

12. **прогова́ривать/проговори́ть:** 1) *dire* 2) *passer un certain temps à parler,* они проговори́ли всю ночь, *ils ont passé toute la nuit à parler.*

13. **будора́житься/взбудора́житься:** *s'agiter* (fam.).

14. **твои это дела́:** *c'est de ta faute,* m. à m. *ce sont tes affaires à toi;* cf. note 14, p. 61.

15. **ближа́йший к** + dat.: superlatif de бли́зкий; в ближа́йшее вре́мя, *dans un bref délai, très bientôt.*

Дюковскому удалось, например, проследить[1] на траве длинную темную полосу, состоявшую из[2] пятен и тянувшуюся[3] от окна на несколько сажен[4] в глубь[5] сада. Полоса заканчивалась[6] под одним из сиреневых кустов большим темно-коричневым пятном. Под тем же кустом был найден сапог, который оказался парой сапога, найденного в спальне.

– Это давнишняя[7] кровь! – сказал Дюковский, осматривая пятна.

Доктор при слове «кровь»[8] поднялся и лениво, мельком взглянул на пятна.

– Да, кровь, – пробормотал[9] он.

– Значит, не задушен, коли кровь! – сказал Чубиков, язвительно[10] поглядев на Дюковского.

– В спальне его задушили, здесь же, боясь[11], чтобы он не ожил[12], его ударили чем-то[13] острым. Пятно под кустом показывает, что он лежал там относительно[14] долгое время, пока они искали[15] способов, как и на чем[16] вынести его из сада.

– Ну, а сапог?

---

1. **следи́ть (жу, дишь)/проследи́ть:** de след, *trace; suivre la trace;* сле́жка, *filature* вы́следить, *trouver à la trace.*
2. **состоя́ться (стою́сь, и́шься) из** + gén.: *consister en;* кварти́ра состои́т из 3 ко́мнат, *l'appartement comprend trois pièces.*
3. **тяну́вшуюся:** participe passé actif de тяну́ться (ну́сь, нешься)/протяну́ться на + acc., *s'étendre sur.*
4. **са́жень:** mesure de longueur égale à 2,13 mètres.
5. **в глубь:** *dans l'intérieur, dans les profondeurs,* syn. в глубину́.
6. **зака́нчиваться/зако́нчиться (чусь, чишься)** + instr.: *se terminer par;* де́ло зако́нчилось сканда́лом, *l'affaire s'est terminée par un scandale.*
7. **давни́шняя:** fam. pour да́вний; давно́ *il y a longtemps;* ne pas confondre avec да́внейшний (давне́йший) de да́вний; э́то да́внейший исто́рия, *c'est une histoire ancienne.*
8. **при сло́ве кровь:** *au mot de sang;* при + loc. indique ici l'instant; при его появле́нии, à son arrivée.
9. **бормота́ть (чу́, чешь)/пробормота́ть:** *marmonner.*

Dioukovski réussit par exemple à découvrir dans l'herbe une longue trace sombre faite de taches et allant de la fenêtre vers le fond du jardin, sur quelques sagènes. Cette trace se terminait sous un buisson de lilas en une grande tache brun foncé. Sous ce même buisson fut découverte une botte qui était de la même paire que la botte trouvée dans la chambre.

– C'est du vieux sang séché, dit Dioukovski en examinant les taches.

Au mot de «sang», le docteur se leva et, paresseusement, jeta un bref regard aux taches.

– Oui, du sang, bredouilla-t-il.

– Donc, il n'a pas été étouffé, s'il y a du sang, fit Tchoubikov en jetant un regard acerbe à Dioukovski.

– Il a été étouffé dans la chambre et ici, de crainte qu'il ne reprenne vie, on l'a frappé avec un objet pointu. La tache sous le buisson indique qu'il y est resté étendu relativement longtemps, le temps qu'ils trouvent comment et avec quoi l'emmener du jardin.

– Bon, et la botte?

---

10. **язви́тельно:** *de façon caustique;* язви́ть/съязви́ть, *être caustique, acerbe;* я́зва, *ulcère;* я́зва желу́дка, *ulcère d'estomac.*

11. **боя́сь:** gérondif présent de боя́тся (ю́сь, и́шся)/побоя́тся, *craindre.*

12. **оживáть/ожи́ть (вý, вёшь):** *reprendre vie, s'animer,* s'emploie également au figuré; пóсле егó возвращéния, дом ожи́л, *la maison s'anima après son retour.*

13. **чéм-то:** avec qqch. de précis mais que l'on ne connaît pas; похóже, я егó чéм-то оби́дел, *on dirait que je l'ai vexé, je ne sais comment.*

14. **относи́тельно:** *relativement;* относи́тельный, *relatif;* относи́тельность(-и), *relativité,* теóрия относи́тельности, *théorie de la relativité.*

15. **искáть (щý, щешь):** *chercher,* est imperfectif alors que les perfectifs отыскáть ou разыскáть, ne pouvant exprimer qu'une action brève, signifient *trouver.*

16. **на чём:** m. à m. *sur quoi:* de quelle manière, à l'aide de quoi; на чём поéдем, на трáмвае или на автóбусе? *nous prendrons le tram ou l'autobus?*

– Этот сапог еще более подтверждает[1] мою мысль, что его убили, когда он снимал[2] перед сном сапоги. Один сапог он снял, другой же, то есть этот, он успел снять только наполовину. Наполовину снятый сапог во время тряски[3] и падения сам снялся[4]...

– Сообразительность, посмотришь! – усмехнулся[5] Чубиков. – Так и режет[6], так и режет! И когда вы отучитесь[7] лезть со своими рассуждениями? Чем рассуждать, вы бы лучше взяли для анализа немного травы с кровью!

По осмотре и снятии плана[8] местности следствие отправилось[9] к управляющему писать протокол[10] и завтракать. За завтраком[11] разговорились[12].

– Часы, деньги и прочее... все цело[13], – начал разговор Чубиков. – Как дважды два четыре, убийство совершено не с корыстными целями[14].

– Совершено человеком интеллигентным, – вставил[15] Дюковский.

– Из чего же это вы заключаете?

---

1. **подтверждáть/подтверди́ть (жý, ди́шь):** *confirmer;* догáдки подтверди́лись, *les suppositions se confirmèrent.*
2. **когдá он снимáл:** l'imperfectif exprime la durée de l'action; cf., plus loin, он снял, perfectif car l'action est terminée.
3. **тря́ска:** *les cahots,* notez le singulier; трясти́/перетрясти́, *secouer.*
4. **сам сня́лся:** m. à m. *s'est retirée elle-même;* ты сам догадáлся? *tu as deviné tout seul?*
5. **усмехнýться (нýсь, нёшься):** *ricaner, avoir un rire ironique;* notez son emploi transitif.
6. **так и рéжет, так и рéжет:** de рéзать/срéзать (жу, жешь) cf. note 3, p. 30; m. à m. *voilà comme il tranche;* la répétition indique qu'on ne peut pas l'arrêter.
7. **отучáться/отучи́ться (чýсь, чи́шься):** *perdre l'habitude de;* учи́ться, *apprendre;* le préverbe от indique la séparation; littéralement, *désapprendre.*
8. **сня́тие плáна:** *relevé d'un plan;* снимáть/сня́ть (сни́му, и́мешь) план, кáрту, *dresser un plan, une carte.*

– Cette botte confirme encore davantage mon idée qu'il a été assassiné tandis qu'il retirait ses bottes avant de se coucher. Il en avait ôté une mais n'avait eu le temps d'enlever la seconde, c'est-à-dire celle-ci, qu'à moitié. Et cette botte à demi retirée est tombée d'elle-même avec les secousses et la chute…

– Quelle rapidité d'esprit, voyez-moi ça, ricana Tchoubikov. Il vous tranche ça à tour de bras! Et quand donc perdrez-vous l'habitude de nous importuner avec vos raisonnements? Au lieu de raisonner, vous feriez mieux de prendre un peu d'herbe ensanglantée pour l'analyse!

Après l'inspection et le relevé d'un plan des lieux, la commission d'enquête s'en fut chez l'intendant dresser le procès-verbal et déjeuner. Lors du déjeuner, les langues se délièrent.

– La montre, l'argent et le reste… tout est intact, commença Tchoubikov. Il est clair comme deux et deux font quatre que le meurtre n'a pas été commis dans un but intéressé.

– Il est le fait d'une personne cultivée, plaça Dioukovski.

– D'où concluez-vous cela?

---

9. **отправля́ться/отпра́виться (влюсь, вишься) к** + dat.: *se diriger vers;* syn. направля́ться/напра́виться к, mais dans le premier couple l'accent est mis sur le départ dans l'autre sur l'arrivée; les deux couples de verbes ont la même construction; во ско́лько по́езд отправля́ется? *à quelle heure part le train?* куда́ вы направля́етесь? *où allez-vous?*
10. **протоко́л:** *compte-rendu; procès-verbal.*
11. **за за́втраком:** *pendant le déjeuner;* за у́жином, *au dîner,* за столо́м, *à table.*
12. **разгова́риваться/разговори́ться:** *se mettre à parler abondamment;* le préverbe раз exprime l'idée de *délier.*
13. **всё це́ло:** *tout est intact;* все́ це́лы, *tous sont sains et saufs.*
14. **с коры́стными целя́ми:** *dans un but intéressé;* notez le pluriel de цель(-и) *but;* коры́стный челове́к, *un homme intéressé.*
15. **вставля́ть/вста́вить:** *placer;* вставля́ть своё сло́во, *intervenir.*

– К моим услугам[1] шведская спичка, употребления которой еще не знают здешние[2] крестьяне. Употребляют этакие спички только помещики, и то не все[3]. Убивал, кстати сказать, не один, а минимум трое: двое[4] держали, а третий душил. Кляузов был силен, и убийцы должны были знать это.

– К чему могла послужить ему его сила, ежели он, положим[5], спал?

– Убийцы застали его за сниманием сапог[6]. Снимал сапоги, значит не спал.

– Нечего выдумывать! Ешьте лучше[7]!

– А по моему понятию[8], ваше высокоблагородие, – сказал садовник Ефрем, ставя[9] на стол самовар, – пакость эту самую сделал не кто другой, как[10] Николашка.

– Весьма восможно, – сказал Псеков.

– А кто этот Николашка?

– Баринов[11] камердинер, ваше высокоблагородие[12], – отвечал Ефрем. – Кому другому[13], как не ему? Разбойник, ваше высокоблагородие! Пьяница и распутник такой, что и не приведи царица небесная[14]!

---

1. **к мои́м услу́гам:** *à mon service;* я к Ва́шим услу́гам, *je suis à votre service.*

2. **зде́шний:** *de l'endroit;* de здесь, *ici;* Вы наве́рное не зде́шний, *vous n'êtes sans doute pas d'ici?*

3. **и то не все́:** *et encore pas tous;* я едва́ успе́л, и то бежа́л, *j'ai eu du mal à arriver à temps, et encore j'ai couru.*

4. **дво́е, тро́е:** un groupe de *deux,* de *trois,* у них тро́е дете́й, *ils ont trois enfants;* он проболе́л дво́е су́ток ou два дня, *il a été malade deux jours;* есть за двои́х, *manger pour deux.*

5. **поло́жим:** m. à m. *supposons; de* полага́ть/положи́ть, syn. предполага́ть/предположи́ть.

6. **за снима́нием сапо́г:** m. à m. *au retirage de ses bottes;* за + instr. indique une occupation, une action qui dure, cf. за за́втраком (note 4).

7. **е́шьте лу́чше:** *mangez plutôt,* impératif de есть (ем, ешь)/съесть.

8. **до моему́ поня́тию:** *à mon avis* (m. à m. *selon ma façon de comprendre);* поня́тие, *concept.*

– J'ai pour moi l'allumette suédoise dont les paysans des environs ne connaissent pas encore l'usage. Ce genre d'allumettes n'est utilisé que par les propriétaires de la région, et encore, pas par tous. D'ailleurs, ce n'est pas une personne mais trois au minimum qui ont tué: deux le tenaient et le troisième l'étouffait. Kliaouzov était fort et les meurtriers devaient le savoir.

– A quoi pouvait lui servir sa force s'il dormait, par exemple?

– Les meurtriers l'ont surpris alors qu'il retirait ses bottes. C'est donc qu'il ne dormait pas.

– Assez d'inventions, mangez plutôt!

– A mon avis, Votre Excellence, intervint le jardinier Efrem en posant le samovar sur la table, ça ne peut être que Nikolachka qui a fait ce sale coup.

– C'est fort possible, dit Psékov.

– Et qui est ce Nikolachka?

– Le valet de chambre du barine, Votre Excellence, répondit Efrem. Et qui d'autre aurait fait ça, Votre Excellence? Un ivrogne et un débauché, la Sainte Mère de Dieu nous en préserve!

---

9. **ставя:** gérondif présent de ста́вить (влю, вишь)/поста́вить, *poser.*

10. **не кто друго́й как:** m. à m. *nul autre que,* syn., не кто ино́й; появи́лся не кто друго́й, как Иван Царе́вич, *le prince Ivan en personne apparut.*

11. **ба́ринов:** forme possessive de ба́рин, vieillie; on emploie de préférence aujourd'hui les formes possessives en ин, ма́мин сыно́чек, *fils à papa (à sa maman),* су́кин сын, *fils de chienne;* ou en чий, чья, за́ячья шку́ра, *peau de lièvre;* cf. note 11, p. 59.

12. **ваше высокоблагоро́дие:** m. à m. *Votre Haute Noblesse, Votre Excellence,* l'un des nombreux titres honorifiques de la Russie des tsars.

13. **кому́ друго́му, как не ему́?:** sous-entendu э́то сде́лать, m. à m. *c'était à qui d'autre que lui* (de le faire)?

14. **не приведи́ цари́ца небе́сная:** m. à m. *que la reine des cieux nous en protège;* не приведи́ госпо́дь, *Dieu nous en garde.*

Барину он водку завсегда[1] носил, барина он укладывал в постелю... Кому же, как не ему[2]? А еще тоже, смею предположить вашему высокоблагородию, похвалялся[3] раз, шельма, в кабаке, что барина убьет. Из-за Акульки[4] все вышло, из-за бабы[5]... Была у него солдатка такая... Барину она пондравилась, они ее к себе приблизили[6], ну, а он... известно, осерчал[7]... На кухне пьяный валяется теперь. Плачет... Врет[8], что барина жалко[9]...

– А действительно, из-за Акульки можно осерчать, – сказал Псеков. – Она солдатка, баба, но... Недаром Марк Иваныч прозвал ее Наной. В ней есть что-то, напоминающее[10] Нану... привлекательное[11]...

– Видал... Знаю... – сказал следователь, сморкаясь[12] в красный платок.

Дюковский покраснел и опустил глаза. Становой забарабанил[13] пальцем по блюдечку. Исправник закашлялся[14] и полез зачем-то в портфель. На одного только доктора, по-видимому, не произвело никакого впечатления[15] напоминание об Акульке и Нане.

---

1. **завсегда́:** fam. pour всегда́; завсегда́тели кабака́, les *habitués d'un troquet.*

2. **кому́ же, как не ему́:** m. à m. *qui d'autre sinon lui,* (sous-entendu: aurait pu tuer).

3. **похваля́ться/похвали́ться** + instr.: *se vanter de;* ну, чем похва́литесь? *eh bien, qu'avez-vous d'intéressant à nous montrer?* (m. à m. *de quoi pouvez-vous vous vanter?);* syn. хваста́ться/похваста́ться.

4. **Аку́лька:** diminutif de Акули́на; cf. аку́ла, *requin.*

5. **ба́ба:** (fam.) *bonne femme:* en langage moderne, *fille, nana;* masculin : мужи́к.

6. **к себе́ прибли́зили:** (pluriel de déférence) m. à m. *il l'a rapprochée de lui.*

7. **осерча́л:** (vieilli) *je me suis mis en colère;* on dirait aujourd'hui рассерди́лся; серди́тый, *fâché, méchant,* серди́тый волк, *le méchant loup.*

8. **вра́ть (вру́, врёшь)/совра́ть:** *mentir,* это он всё совра́л, *il a tout inventé,* notez ici la construction transitive он врёт, что.

C'est toujours lui qui apportait la vodka au maître, c'est lui qui le mettait au lit... Qui d'autre aurait pu? Et aussi, j'ose le rapporter à Votre Excellence, il s'est vanté un jour au cabaret, le fripon, qu'il tuerait le maître. Tout ça à cause d'Akoulka, à cause d'une bonne femme... Une femme de soldat qu'il avait parmi ses gens... Elle a plu au barine, il l'a prise comme maîtresse et lui, évidemment, il s'est fâché... Il est couché, ivre, dans la cuisine à présent. Il pleure... Il veut faire croire qu'il a de la peine pour le barine...

– Effectivement, pour Akoulka, il y a de quoi se fâcher, dit Psékov. C'est une femme de soldat, une bonne femme mais... Ce n'est pas pour rien que Marc Ivanovitch l'a surnommée Nana. Il y a chez elle quelque chose qui rappelle Nana... Quelque chose d'attirant...

– Je l'ai vue... Je sais..., dit le juge en se mouchant dans un mouchoir rouge.

Diioukovski rougit et baissa les yeux. Le commissaire tambourina des doigts sur sa soucoupe. Le chef de police se mit à tousser et fourragea dans sa serviette, cherchant quelque chose. Le docteur était le seul auquel les noms d'Akoulka et de Nana n'avaient fait, semblait-il, aucune impression.

---

9. **жáлко** + acc.: *avoir de la peine pour qqun, s'apitoyer sur qqun.*
10. **напоминáющее:** participe présent actif de напоминáть/напóмнить, *rappeler;* нéчто, напоминáющее свúст, *qqch. qui ressemble à un sifflement.*
11. **привлекáтельное:** *attirant,* de привлекáть/привлéчь (кý, чёшь) привлекáтельная жéнщина, *une femme attirante.*
12. **сморкáясь:** gérondif présent de сморкáться/вы́сморкаться, *se moucher;* нáсморк, *rhume.*
13. **барабáнить/забарабáнить:** de барабáн, *tambour.*
14. **закáшляться:** *tousser;* кáшель(-шля), *toux;* раскáшляться, *tousser longtemps;* что ты раскáшлялся? *qu'as-tu à tousser comme ça?*
15. **производúть/произвестú впечатлéние на** + acc.: *faire une impression sur qqun.:* он произвёл на меня́ хорóшее впечатлéние, *il m'a fait bonne impression.*

Следователь приказал привести Николашку. Николашка, молодой долговязый парень с длинным, рябым носом и впалой грудью[1], в пиджаке с барского плеча[2], вошел в комнату Псекова и поклонился[3] следователю в ноги. Лицо его было сонно и заплакано[4]. Сам он был пьян и еле держался на ногах[5].

– Где барин? – спросил[6] его Чубиков.

– Убили, ваше высокоблагородие.

Сказав[7] это, Николашка замигал глазами и заплакал.

– Знаем, что убили. А где он теперь? Тело-то[8] его где?

– Сказывают[9], в окно вытащили и в саду закопали.

– Гм!.. О результатах следствия уже известно[10] на кухне... Скверно. Любезный[11], где ты был в ту ночь, когда убили барина? В субботу то есть?

Николашка поднял вверх голову, вытянул[12] шею и задумался.

– Не могу знать[13], ваше высокоблагородие, – сказал он. – Был выпимши[14] и не помню.

---

1. **грýдь(-и́):** *poitrine;* он стоял грýдью за меня́, *il m'a défendu corps et âme;* грудно́й ребёнок, *nourrisson;* корми́ть грýдью, *nourrir au sein.*

2: **с барско́го плеча́:** m. à m. *pris des épaules du maître;* одéжда с чужо́го плечá, *un vêtement coupé pour un autre.*

3. **покловя́ться/поклони́ться в нóги:** *s'incliner jusqu'à terre;* поклон, *salut.*

4. **заплáкано:** *portant des traces de pleurs;* заплáканное лицó, de плáкать (чу, чешь) заплáкать.

5. **éле держáлся на ногáх:** *il tenait à peine sur ses jambes;* éле signifie *à grand peine, avec difficulté;* он éле в себя́ пришёл, *il a eu du mal à reprendre ses esprits;* шагáю éле éле (Окуджáва), *je marche tout doucement.*

6. **спрáшивать/спроси́ть (шý, сишь)** + acc.**:** *demander,* notez la construction: тебя́ никтó ни о чём не спрáшивает, *personne ne te demande rien.*

7. **сказáв:** gérondif passé de сказáть (жу, жешь)/говори́ть, сказáв э́то, *ces mots dits;* он ушёл, ничегó не сказáв, *il est parti sans rien dire;* l'emploi du temps (gérondif passé) est plus logique qu'en français où l'on devrait dire: *il est parti sans avoir rien dit.*

Le juge ordonna de faire venir Nikolachka. Jeune gars dégingandé au nez long et marqué de petite vérole, à la poitrine creuse, portant une ancienne veste de son maître, il entra dans la pièce et s'inclina jusqu'à terre devant le juge. Il avait le visage ensommeillé et rougi de pleurs. Lui-même était ivre et avait du mal à se tenir sur ses jambes.

– Où est le barine? lui demanda Tchoubikov.

– On l'a tué, Votre Excellence.

Ces mots dits, Nikolachka battit des cils et se mit à pleurer.

– On le sait, qu'on l'a tué. Mais où est-il à présent? Son corps, où est-il?

– On dit qu'on l'a tiré par la fenêtre et enterré dans le jardin.

– Hum... Les résultats de l'enquête sont déjà connus à la cuisine... C'est mauvais. Mon cher, où étais-tu la nuit où a été tué ton maître? C'est-à-dire celle de samedi?

Nikolachka leva la tête, tendit le cou et devint songeur.

– Je ne sais pas, Votre Excellence, dit-il. J'avais bu et j'ai oublié.

---

8. **тéло-то:** notez l'emploi de la particule d'insistance то: *et son corps, où est-il?* то-то, *c'est bien ça, justement;* головá-то на плечáх? *et ta tête, elle est bien sur tes épaules?*

9. **скáзывают:** populaire, *on raconte;* в э́том болóте скáзывают, живёт русáлка, *on dit qu'il y a une ondine dans ce marais.*

10. **о результáтах слéдствия извéстно:** *les résultats de l'enquête sont connus;* (notez la construction de извéстно); нам обо всём извéстно, *nous savons tout.*

11. **любéзный:** *aimable;* óчень любéзно с Вáшей стороны́, *c'est très aimable à vous;* en s'adressant à une personne, *mon cher, mon bon* (ironique ici).

12. **вытя́гивать/вытянýть (ну, нешь) из** + gén.: *sortir en tirant;* онá из негó все дéньги вы́тянула, *elle lui a soutiré tout son argent.*

13. **не могý знать:** m. à m. *je ne peux pas savoir.*

14. **быть вы́пимши:** populaire, pour быть вы́пивши gérondif passé de вы́пить (пью, пьешь) *boire un coup, avoir bu, être ivre.*

– Alibi! – шепнул Дюковский, усмехаясь и потирая руки[1].

– Так-с. Ну[2], а отчего это у барина под окном кровь?

Николашка задрал[3] вверх голову и задумался[4].

– Скорей думай! – сказал исправник.

– Сичас[5]. Кровь эта от пустяка, ваше высокоблагородие. Курицу я резал[6]. Я ее резал очень просто, как обыкновенно, а она возьми да и вырвись[7] из рук, возьми да побеги... От этого самого и кровь.

Ефрем показал[8], что действительно Николашка каждый вечер режет кур и в разных местах, но никто не видел, чтобы недорезанная[9] курица бегала по саду[10], чего, впрочем, нельзя отрицать безусловно.

– Alibi, – усмехнулся Дюковский. – И какое дурацкое alibi!

– С Акулькой знавался?

– Был грех.

– А барин у тебя сманил[11] ее?

– Никак нет. У меня Акульку отбили вон они-с[12], господин Псеков, Иван Михайлыч-с, а у Ивана Михайлыча отбил барин. Так дело было.

---

1. **потирая руки:** *en se frottant les mains,* gérondif présent de потирать.
2. **ну:** *et alors.*
3. **задирáть/задрáть (дерý, дерёшь) голову вверх:** *lever la tête;* нóгу задрáть, *lever la jambe;* задирáть нос *faire le fier;* ишь, нос задрáл тепéрь, *voyez comme il fait le fier à présent.*
4. **задýмываться/задýматься:** *se plonger dans ses pensées,* même sens du préverbe et de la forme réfléchie dans забывáться/забы́ться в + loc. *s'abîmer dans.*
5. **сичáс:** populaire, pour сейчáс, *tout de suite.*
6. **рéзать (жу, жешь)/зарéзать:** *égorger;* l'imperfectif indique ici que l'action était en cours.
7. **возьмú да вы́рвись:** *et voilà que la poule m'a échappé,* mode d'expression populaire et très vivant, notez l'impératif de возьмú et de вы́рвись (рвусь, рвешься); même construction dans возьмú да побегú; cf. une construction apparentée dans, он взял и заболéл, *il est tombé malade soudainement.*

– Un alibi! murmura Dioukovski en ricanant et se frottant les mains.

– Bien... Et alors, pourquoi y a-t-il du sang sous la fenêtre du barine?

Nikolachka leva la tête et devint songeur.

– Dépêche-toi de réfléchir! dit le chef de police.

– Tout de suite. Ce sang, c'est pas grand-chose, Votre Excellence. J'ai tué une poule. Je l'égorgeais, tout simplement, comme d'habitude, mais la voilà qui m'échappe des mains et qui se met à courir... C'est pour ça qu'il y a du sang.

Efrem témoigna que, effectivement, Nikolachka tuait des poules tous les soirs, en divers endroits, mais nul n'avait vu une poule à moitié tuée courir dans le jardin, ce que, du reste, on ne pouvait nier formellement.

– Un alibi, ricana Dioukovski. Et quel alibi stupide!

– Tu as fréquenté Akoulka?

– J'ai commis ce péché.

– Et le barine te l'a soufflée?

– Pas du tout. C'est lui, monsieur Psékov, Ivan Mikhaïlovitch, qui me l'a prise et le barine l'a prise à Ivan Mikhaïlovitch. C'est comme ça que ça s'est passé.

---

8. **покáзывать/показáть (жý, жешь):** 1) *indiquer* 2) (ici) *témoigner;* показáние, *témoignage.*

9. **недорéзанная:** participe passé passif de недорéзать (жу, жешь), m. à m. *pas égorgée jusqu'au bout,* до indiquant ici l'action menée jusqu'au bout; мы недооценúли егó талáнт, *nous avions sous-estimé son talent.*

10. **бéгала по сáду:** l'imperfectif indéterminé indique que le mouvement avait lieu en tous sens, sans but, idée que renforce la préposition по + dat., *à travers, sans direction précise;* я бродúл по гóроду, *j'ai flâné à travers la ville.*

11. **сманивать/сманúть (ню, нишь):** m. à m. *attirer pour faire quitter;* syn. ici отбивáть/отбúть, plus catégorique: онá у менá отбúла всех поклóнников *elle m'a pris tous mes soupirants.*

12. **онú:** pluriel de respect et de politesse.

Псеков смутился[1] и принялся чесать[2] себе левый глаз. Дюковский впился в него глазами[3], прочел смущение и вздрогнул. На управляющем увидел он синие панталоны, на которые ранее не обратил внимания. Панталоны напомнили ему о синих волосках, найденных[4] на репейнике. Чубиков, в свою очередь, подозрительно взглянул на Псекова.

– Ступай[6]! – сказал он Николашке. – А теперь позвольте вам задать один вопрос[7], господин Псеков. Вы, конечно, были в субботу под воскресенье[8] здесь?

– Да, в десять часов я ужинал с Марком Иванычем.

– А потом?

Псеков смутился и встал из-за стола.

– Потом… потом… право[9], не помню, – забормотал он, – Я много выпил[10] тогда… Не помню, где и когда уснул… Чего вы на меня все так смотрите[11]? Точно[12] я убил!

– Где вы проснулись[13]?

---

1. **смущáться/смути́ться (щýсь, ти́шься):** *être confus, se troubler;* смýтно, *confusément;* мýтный, *trouble;* в мýтной водé ры́бу лови́ть, *pêcher en eau trouble.*

2. **чесáть (шý, шешь)/почесáть:** *gratter;* чесáться (почесáться. *se gratter;* cf. причесáть/причёсывать, *coiffer,* причёска, *coiffure.*

3. **впи́ться в когó-н. глазáми:** m. à m. *boire qqun des yeux sans plus s'en détacher, dévorer du regard.*

4. **нáйденных:** participe passé passif de находи́ть (жý, дишь)/найти́ (дý, дёшь); нáйденные вéщи, *les objets trouvés.*

5. **подозри́тельно:** de подозрéние, *soupçon* 1) *soupçonneux* 2) *suspect;* подозри́тельный взгляд, *un regard soupçonneux;* это подозри́тельно, *voilà qui est suspect.*

6. **ступай:** *va* (populaire), de ступáть/поступи́ть (плю́, пи́шь).

7. **задавáть (аю́, ёшь)/задáть (дáм, дáшь) вопрóс:** *poser une question;* задавáть тон, *donner le ton;* задáча, *problème.*

8. **в суббóту под воскресéнье:** *de samedi à dimanche;* remarquez les deux prépositions в + acc. et под + acc.; on pourrait dire aussi с суббóты на воскресéнье.

Psékov se troubla et entreprit de se gratter l'œil gauche. Dioukovski le dévora des yeux, y lut sa confusion et tressaillit. Il venait de voir que l'intendant portait un pantalon bleu marine, ce qu'il n'avait pas remarqué jusqu'à présent. Ce pantalon lui rappela les fils bleus découverts sur le buisson de bardane. Tchoubikov, à son tour, jeta à Psékov un regard soupçonneux.

– Va! dit-il à Nikolachka. Et à présent, permettez-moi de vous poser une question, monsieur Psékov. Vous étiez ici, bien entendu, la nuit de samedi à dimanche?

– Oui, j'ai dîné à dix heures avec Marc Ivanovitch.

– Et ensuite?

Psékov se troubla et se leva de table.

– Ensuite… ensuite… à vrai dire, je ne m'en souviens pas, marmonna-t-il. J'avais beaucoup bu alors… Je ne me rappelle plus où ni quand je me suis endormi… Pourquoi me regardez-vous tous ainsi? Comme si c'était moi qui avais tué!

– Où vous êtes-vous réveillé?

---

9. **пра́во:** fam. pour пра́вда, *à vrai dire, vraiment;* я пра́во не зна́ю, могу́ ли я согласи́ться, *je ne sais pas, vraiment, si je dois accepter.*

10. **выпива́ть/вы́пить (пью, пьешь):** 1) *boire un peu* 2) *boire de l'alcool;* он выпива́ет, *il aime boire;* он опя́ть вы́пил, *il a encore bu.*

11. **чего́ вы на меня так смо́трите:** (fam.) чего signifie familièrement *pourquoi;* чего́ он пришёл сюда́? *qu'est-ce qu'il vient faire ici?* notez la construction de смотре́ть (трю, тришь)/посмотре́ть на + acc.; я на него́ посмотре́л не так и он оби́делся, *ma façon de le regarder ne lui a pas plu, et il s'est vexé.*

12. **то́чно:** *comme si,* m. à m. *exactement;* то́чная ко́пия, *copie exacte;* он бежа́л, то́чно боя́лся чего́-то, *il courait comme s'il craignait qqch.*

13. **просыпа́ться/просну́ться (ну́сь, нёшься):** *se réveiller* mais просыпа́ть/проспа́ть, *laisser passer en dormant, ne pas se réveiller;* я электри́чку проспа́л, *faute de me réveiller j'ai raté mon train.*

– Проснулся в людской кухне[1] на печи... Все могут подтвердить. Как я попал[2] на печь, не знаю...

– Вы не волнуйтесь... Акулину вы знали?

– Ничего нет тут особенного...

– От вас она перешла[3] к Кляузову?

– Да... Ефрем, подай[4] еще грибов! Хотите чаю, Евграф Кузьмич?

Наступило молчание – тяжелое, жуткое, длившееця[5] минут пять. Дюковский молчал и не отрывал своих колючих[6] глаз от побледневшего[7] лица Псекова. Молчание нарушил[8] следователь.

– Нужно будет, – сказал он, – сходить[9] в большой дом и поговорить там с сестрой покойного[10], Марьей Ивановной. Не даст ли[11] она нам каких-либо[12] указаний.

Чубиков и его помощник поблагодарили за завтрак и пошли в барский дом. Сестру Кляузова, Марью Ивановну, сорокапятилетнюю деву[13], застали они молящейся[14] перед высоким фамильным киотом. Увидев в руках гостей портфели и фуражки с кокардами, она побледнела.

---

1. **людска́я ку́хня:** *la cuisine des gens* (au sens de domestiques); лю́ди, *les gens;* лю́ди! на по́мощь! *A moi! Au secours!*
2. **попа́л:** cf. note 2, p. 90.
3. **переходи́ть (жу́, дишь)/перейти́ (ду́, дёшь) от** + gén. **к** + dat.: *passer de qqch.* (ou qqun) *à qqch.* (ou qqun); э́та тради́ция перехо́дит от отца́ к сы́ну, *cette tradition se transmet de père en fils;* перейти́ из рук в ру́ки, *passer de main en main.*
4. **подава́ть (аю́, ёшь)/пода́ть (да́м, да́шь):** 1) *servir* (un plat); par extension, ему́ подава́й всё гото́вое, *il réclame du tout cuit;* 2) *tendre,* подава́ть ру́ку, *tendre la main;* пода́й мне су́мку, *passe-moi mon sac.*
5. **дли́вшееся:** participe passé actif de дли́ться/ продли́ться.
6. **колю́чий:** *piquant;* колю́чка, *piquant, épine;* колю́чая про́волока, *fil de fer barbelé.*
7. **побледне́вший:** participe passé actif de бледне́ть/побледне́ть, *pâlir;* бле́дный, *pâle;* бле́дный как полотно́, *pâle comme un linge.*

– Dans la cuisine des domestiques, sur le poêle… Tous peuvent le confirmer. Mais comment je me suis retrouvé là, je ne sais plus…

– Ne vous affolez pas… Vous avez fréquenté Akoulka?

– Il n'y a rien là de particulier…

– Elle vous a quitté pour Kliaouzov?

– Oui… Efrem! Ressers des champignons! Voulez-vous du thé, Evgraf Kouzmitch?

Un silence s'installa, pesant, atroce, qui dura près de cinq minutes. Dioukovski restait silencieux, sans détacher un regard caustique du visage pâli de Psékov. Ce fut le juge qui rompit le silence.

– Il va falloir, dit-il, nous rendre dans la maison principale et parler à la sœur du défunt, Maria Ivanovna. Peut-être nous fournira-t-elle quelques indices.

Tchoubikov et son assistant remercièrent l'intendant pour le déjeuner et s'en furent à la maison des maîtres. Ils trouvèrent la sœur de Kliaouzov, Maria Ivanovna, vieille fille de quarante-cinq ans, en prière devant la haute armoire à icônes familiale. Elle pâlit en voyant, à la main des nouveaux arrivants, des serviettes et des casquettes à cocarde.

---

8. **нарушáть/нарушúть молчáние, тишинý:** *rompre le silence;* нарушúть закóн, *enfreindre la loi;* нарушúтель(-я), *contrevenant.*

9. **сходúть (жý, дишь) к** + dat.: *passer,* la notion d'aller et retour est exprimée par le préverbe с.

10. **покóйный:** *défunt,* n. покóйник, de покóй, *repos.*

11. **не даст ли:** m. à m. *ne donnera-t-elle pas?* ici: *peut-être nous donnera-t-elle;* дай мне пять копéек. – не дам! Donne-moi cinq kopecks – non!

12. **какúх лúбо:** лúбо indique l'éventualité et l'indétermination; *un indice, une indication quelconque.*

13. **дéва:** *jeune fille, femme non mariée;* стáрая дéва, *vieille fille.*

14. **молящейся:** participe présent actif de молúться, imperfectif, *prier;* молúтва, *prière.*

– Приношу[1], прежде всего, извинение за нарушение, так сказать, вашего молитвенного настроения[2], – начал, расшаркиваясь, галантный Чубиков. – Мы к вам с просьбой[3]. Вы, конечно, уже слышали... Существует подозрение[4], что ваш братец, некоторым образом, убит. Божья воля[5], знаете ли... Смерти не миновать никому, ни царям, ни пахарям[6]. Не можете ли вы помочь нам каким-либо указанием, разъяснением[7]...

– Ах, не спрашивайте меня! – сказала Марья Ивановна, еще более бледнея и закрывая лицо руками. – Ничего я не могу вам сказать! Ничего! Умоляю вас! Я ничего... Что я могу? Ах, нет, нет... ни слова про брата! Умирать буду, не скажу[8]!

Марья Ивановна заплакала и ушла в другую комнату. Следователи переглянулись, пожали плечами и ретировались.

– Чертова баба! – выругался[9] Дюковский, выходя из большого дома. – По-видимому, что-то знает и скрывает. И у горничной что-то на лице написано[10]... Постойте же, черти! Все разберем[11]!

---

1. **приноси́ть (щу́, сишь)/принести́ (су́, сёшь) извине́ния:** *présenter ses excuses;* приноси́ть/принести́, *apporter.*
2. **моли́твенное настрое́ние:** m. à m. *humeur de prière;* в хоро́шем настрое́нии, *est de bonne humeur.*
3. **Мы к Вам с про́сьбой:** *nous avons une prière à vous faire* (m. à m. *nous venons à vous avec une prière);* я к тебе́ за де́лом, *je viens te voir pour affaire;* вы к нам? *c'est nous que vous venez voir?*
4. **существу́ет подозре́ние:** m. à m. *le soupçon existe.*
5. **бо́жья во́ля:** *c'est la volonté de Dieu;* чья во́ля? *la volonté de qui?;* Ва́ша во́ля, *comme vous voudrez.*
6. **смерть не минова́ть, ни царя́м ни па́харям:** (proverbe) *nul n'échappe à la mort, ni les tsars, ni les laboureurs;* чему́ быть, тому́ не минова́ть, *nul n'échappe au destin* (m. à m. *on n'échappe pas à ce qui doit être);* минова́ть, *passer devant sans s'arrêter.*

– Je vous présente avant tout nos excuses pour troubler, comment dire, votre dévote humeur, commença Tchoubikov, galant, en claquant des talons. Nous avons une demande à vous faire. Vous avez déjà ouï la nouvelle, bien entendu… L'on soupçonne que votre frère a été, en quelque sorte, assassiné. la volonté de Dieu, vous savez… Nul n'échappe à la mort, ni les tsars ni les laboureurs. Ne pourriez-vous nous aider par une indication quelconque, une explication…

– Ah! ne me demandez rien, dit Maria Ivanovna en blêmissant davantage encore et se cachant le visage dans ses mains. Je ne puis rien vous dire! Rien! Je vous en supplie! Je ne peux rien… Que puis-je faire? Ah, non, non!.. Pas un mot au sujet de mon frère. Plutôt mourir que de parler!

Maria Ivanovna se mit à pleurer et s'en fut dans une autre pièce. Les enquêteurs s'entre-regardèrent, haussèrent les épaules et se retirèrent.

– Quelle femme du diable! jura Dioukovski en sortant de la maison. Elle a l'air de savoir quelque chose et de le cacher. Et le visage de la femme de chambre en dit long… Attendez un peu, diablesses, nous tirerons tout au clair!

---

7. **разъяснéния:** *explications détaillées,* le préverbe раз indique que l'on dissèque; du verbe разъясня́ть/разъяснить.
8. **умирáть бу́ду, не скажу́:** *plutôt mourir que de parler;* m. à m. *je vais mourir, je ne le dirai pas;* умирáть бу́ду indique une action qui dure *(agonie);* l'action brève correspondante (la *mort* proprement dite) serait exprimée par умру́.
9. **ругáться/вы́ругаться:** *jurer,* le préverbe вы indiquant la sortie, exprime l'expulsion d'un trop-plein de jurons.
10. **у гóрничной чтó-то на лицé напи́сано:** m. à m. *la femme de chambre a qqch. d'inscrit sur son visage;* у меня́ на лицé не напи́сано, *ce n'est pas écrit sur mon visage.*
11. **разбирáть/разобрáть (беру́, берёшь):** 1) *démonter;* разобрáть шкаф, *démonter une armoire;* 2) *tirer au clair;* разбери́те мне э́то дéло! *tirez-moi cette affaire au clair!* 3) dérivé de 2), *s'y connaître;* он в охóтничьем дéле не разбирáется, *il ne connaît rien à la chasse.*

Вечером Чубиков и его помощник, освещенные[1] бледнолицей[2] луной, возвращались к себе домой; они сидели в шарабане и подводили в своих головах итоги[3] минувшего дня. Оба были утомлены[4] и молчали. Чубиков вообще не любил говорить в дороге, болтун же Дюковский молчал в угоду[5] старику. В конце пути, однако, помощник не вынес молчания[6] и заговорил:

– Что Николашка причастен в этом деле, – сказал он, – non dubitandum est[7]. И по роже его видно[8], что он за штука[9]... Alibi выдает его с руками и ногами[10]. Нет также сомнения, что в этом деле не он инициатор. Он был только глупым, нанятым орудием. Согласны? Не последнюю также роль в этом деле играет и скромный Псеков. Синие панталоны, смущение, лежанье на печи[11] от страха после убийства, alibi и Акулька.

– Мели, Емеля, твоя неделя[12]. По-вашему[13], значит, тот и убийца, кто Акульку знал? Эх, вы, горячка!

---

1. **освещённые:** participe passé passif de освеща́ть/осве́тить (чу, тишь), *éclairer;* освеще́ние, *éclairage;* электри́ческое освеще́ние, *éclairage électrique.*
2. **бледноли́цая:** de бле́дный, *pâle,* et лицо́, *visage;* Бледноли́цые, *les visages pâles.*
3. **подводи́ть (жу́, дишь)/подвести́ (ду́, дёшь) итóги:** *dresser un bilan.*
4. **утомлён:** participe passé passif de утомля́ть/утоми́ть (млю́, ми́шь), *fatiguer;* утомлённый вид, *un air fatigué;* утоми́тельный, *fatigant.*
5. **в угóду:** *par égard pour;* угóдливый, *servile;* что Вам угóдно? *que désirez-vous?*
6. **не вы́нес молча́ния:** m. à m. *ne put supporter de se taire;* выноси́ть/(нощу́, сишь), вы́нести/(су́, ёшь): 1) *emporter;* вы́нести му́сор, *vider les ordures;* 2) supporter; я не выношу́ щу́ма, *je ne supporte pas le bruit.*
7. **non dubitandum est** (latin): *c'est indubitable.*
8. **по рóже ви́дно:** on le voit à sa trogne; рóжа, *trogne, gueule;* notez cet emploi de по + dat.

Le soir venu, Tchoubikov et son assistant rentrèrent chez eux, éclairés par la lune au visage pâle; assis dans leur cabriolet, ils dressaient mentalement le bilan de la journée. Tous deux étaient las et silencieux. Tchoubikov n'aimait pas deviser en route, quant à ce bavard de Dioukovski, il se taisait pour plaire au vieil homme. En fin de trajet, cependant, n'y tenant plus, il se mit à parler.

– Que Nikolachka ait part à cette affaire, dit-il, *non dubitandum est.* On le voit à sa figure, ce que c'est comme type... Son alibi le trahit jusqu'au trognon. Mais il ne fait pas de doute non plus que, dans l'affaire, ce n'est pas lui l'initiateur. Il n'a été qu'un instrument stupide et acheté. Vous êtes d'accord? Et le modeste Psékov ne joue pas non plus le dernier rôle dans l'histoire. Son pantalon bleu marine, sa confusion, son séjour sur le poêle, sa terreur, après le crime, son alibi et Akoulka.

– Petit malin, dévide ton moulin! Donc, selon vous, les meurtriers sont tout bonnement ceux qui ont fréquenté Akoulka? Ah, tête brûlée que vous êtes!

---

9. **что он за шту́ка:** fam. *ce que c'est que cet animal;* syn, что за пти́ца, *qu'est-ce que c'est que cet oiseau;* шту́ка, 1) *machin* 2) *pièce;* да́йте мне пирожки́, пять шту́к, *donnez-moi des pâtés, cinq.*
10. **выдава́ть (аю́, аёшь)/вы́дать (да́м, да́шь):** *trahir, livrer,* его акце́нт выдаёт, *son accent le trahit;* с рука́ми и нога́ми, *complètement* (m. à m. *avec les mains et les pieds*) syn. от и до.
11. **лежа́ние на печи́:** m. à m. *le fait d'être couché sur le poêle,* de лежа́ть (жу́, жи́шь)/полежа́ть.
12. **мели́ Еме́ля, твоя́ неде́ля:** ce proverbe signifie: *cause toujours, personne ne t'écoute* (m. à m. *à toi de moudre, Emélia, c'est ta semaine*); autrefois, dans les grandes familles paysannes, le tâches étaient partagées et l'on changeait chaque semaine: l'un moulait le grain avec une meule à main, l'autre gardait les bêtes, etc. моло́ть (мелю́, ме́лешь)/смоло́ть, 1) *moudre* 2) *dire des bêtises.*
13. **по-ва́шему:** *selon vous;* по-мо́ему, *à mon avis.*

Соску бы вам сосать[1], а не дела разбирать! Вы тоже за Акулькой ухаживали, – значит, и вы участник[2] в этом деле?

– У вас тоже Акулька месяц в кухарках жила[3], но... я ничего не говорю. В ночь под то воскресенье я играл с вами в карты, видел вас, иначе бы я и к вам придрался[4]. Дело, батенька, не в бабе. Дело в подленьком[5], гаденьком, скверненьком чувстве... Скромному молодому человеку не понравилось, видите ли, что не он верх взял[6]. Самолюбие, видите ли... Мстить[7] захотелось. Потом-с... Толстые губы его сильно говорят о чувственности. Помните, как он губами причмокивал, когда Акульку с Наной сравнивал[8]? Что он, мерзавец, сгорает[9] страстью – несомненно! Итак: оскорбленное самолюбие и неудовлетворенная[10] страсть. Этого достаточно для того, чтобы совершить убийство. Двое в наших руках[11]; но кто же третий? Николашка и Псеков держали[12]. Кто же душил? Псеков робок, конфузлив, вообще трус. Николашки же не умеют душить подушкой; они действуют топором, обухом... Душил кто-то третий[13], но кто он?

---

1. **со́ску соса́ть:** *sucer une sucette;* notez la construction, со́ску бы вам соса́ть, а не..., *vous devriez sucer une sucette et non...*

2. **уча́стник в** + loc.: *participant à;* уча́стники в конфере́нции, *les participants à la conférence.*

3. **жить в куха́рках:** *travailler comme cuisinière* (m. à m. *vivre parmi les cuisinières*); она́ в ня́нях наняла́сь, *elle s'est embauchée comme nourrice.*

4. **придира́ться/придра́ться (деру́сь, рёшься) к** + dat.: *s'en prendre à, chercher la petite bête;* тут не к чему́ придра́ться, *il n'y a rien là à redire.*

5. **по́дленький:** diminutif de по́длый, *vil;* га́денький, de га́дкий, *sale;* скве́рненький de скве́рный, *mauvais;* les diminutifs ajoutent la notion de médiocrité.

6. **взять вверх:** *l'emporter, avoir le dessus,* m. à m. *prendre vers le haut;* на́ши вверх взя́ли, *les nôtres ont gagné.*

7. **мсти́ть (мщу́, мсти́шь)/отомсти́ть:** *venger;* мсти́тель(-я), *vengeur;* месть(-и), *vengeance.*

Vous devriez en être encore au biberon et non démêler des affaires! Vous aussi avez fait la cour à Akoulka, donc vous aussi, vous avez part à cette affaire!

– Chez vous aussi, Akoulka a vécu un mois comme cuisinière mais... je ne dis rien. Cette nuit-là, j'ai joué aux cartes avec vous, je vous ai vu, sans quoi je m'en serais pris à vous aussi. Mais, petit père, ce n'est pas la femme, l'essentiel. C'est un sentiment petitement vil, sale et mauvais... Il n'a pas plu, voyez-vous, à ce modeste jeune homme de ne pas l'avoir emporté. L'amour-propre, voyez-vous... Il a voulu se venger. Ensuite... Ses lèvres épaisses expriment nettement la sensualité. Vous vous rappelez comme il a claqué des lèvres en comparant Akoulka à Nana? Qu'il brûle de passion, le scélérat, c'est indubitable! Donc, amour-propre bafoué et passion inassouvie. Cela suffit pour commettre un meurtre. Nous en tenons deux, mais qui donc est le troisième? Nikolachka et Psékov le maintenaient. Qui donc l'a étouffé? Psékov est timide, prompt à se troubler, un poltron, en fait. Quant aux Nikolachka, ils ne savent pas étouffer avec un oreiller, ils agissent avec une hache, une masse... C'est un troisième qui a tué, mais quel est-il?

---

8. **сра́внивать/сравни́ть:** *comparer;* сравне́ние, *comparaison;* cf. уравне́ние, *équation.*
9. **сгора́ть/сгоре́ть (рю́, ри́шь)** + instr.: *se consumer en;* l'imperfectif indique ici que l'action se prolonge; cf. (action terminée) дом сгоре́л дотла́, *la maison a entièrement brûlé.*
10. **неудовлетворённый:** *insatisfait;* participe passé passif de удовлетворя́ть/удовлетвори́ть, *satisfaire;* удовлетвори́тельный, *satisfaisant.*
11. **в на́ших рука́х:** *entre nos mains;* ва́ша жизнь в на́ших рука́х, *votre vie est entre nos mains.*
12. **держа́ли, души́ли:** notez qu'il est inutile de préciser le complément d'objet.
13. **кто́-то тре́тий:** *un troisième;* la particule то indique que le troisième est bien réel, mais inconnu.

Дюковский нахлобучил[1] на глаза шляпу и задумался.

Молчал он до тех пор, пока[2] шарабан не подъехал[3] к дому следователя.

– Эврика[4]! – сказал он, входя в домик и снимая пальто. – Эврика, Николай Ермолаич! Не знаю только[5], как мне это раньше в голову не пришло. Знаете, кто третий?

– Отстаньте[6], пожалуйста! Вон ужин готов! Садитесь[7] ужинать!

Следователь и Дюковский сели ужинать. Дюковский налил[8] себе рюмку водки, поднялся, вытянулся[9] и, сверкая[10] глазами, сказал:

– Так знайте же, что третий, действовавший[11] заодно с[12] негодяем Псековым и душивший[13], – была женщина! Да-с! Я говорю о[14] сестре убитого, Марье Ивановне!

Чубиков поперхнулся[15] водкой и уставил[16] глаза на Дюковского.

– Вы... не того[17]? Голова у вас... не того? Не болит?

---

1. **нахлобу́чить:** familier, *enfoncer* (un chapeau) *sur sa tête.*
2. **до тех пор, пока́:** *jusqu'à ce que;* de пора́, *temps;* пора!, *il est temps!;* до поры́, до вре́мени, *pour un temps.*
3. **подъезжа́ть/подъе́хать (е́ду, е́дешь) к** + dat.: *arriver jusqu'à* (en voiture); l'équivalent, à pied, est подходи́ть/подойти́.
4. **э́врика:** transcription de *Eurêka;* notez la transformation du u en в comme dans Эвропа, *Europe.*
5. **не зна́ю то́лько:** m. à m. *j'ignore seulement.*
6. **отстава́ть (аю́, аёшь)/отста́ть (а́ну, а́нешь):** 1) *prendre du retard;* э́ти часы́ отстаю́т, *cette montre retarde;* отста́лая страна́, *pays attardé;* 2) fam. (ici) *cesser d'importuner.*
7. **сади́ться у́жинать, обе́дать, рабо́тать:** m. à m. *s'assesoir pour dîner, déjeuner, travailler.*
8. **налива́ть/нали́ть (лью́, льёшь):** *verser,* de лить, *verser,* le préverbe на donnant l'idée de plénitude.
9. **вытя́гиваться/вы́тянуться (нусь, нешься):** *s'allonger, s'étirer;* тяну́ть, *tirer,* тяну́ть рези́ну, m. à m. *tirer l'élastique: faire durer les choses.*

Dioukovski enfonça son chapeau sur ses yeux et devint songeur.

Il resta silencieux jusqu'à ce que la voiture arrive à la maison du juge.

– Eurêka! dit-il en entrant dans la petite maison et en ôtant son manteau. Eurêka, Nikolaï Ermolaïevitch! Je me demande bien comment cela ne m'est pas venu à l'idée plus tôt. Savez-vous qui est le troisième?

– Laissez-moi en paix, s'il vous plaît! Voyez, le repas est prêt. Venez dîner!

Le juge et Dioukovski se mirent à table. Dioukovski se versa un petit verre de vodka, se leva et, très droit, les yeux brillants, déclara:

– Eh bien, sachez que le troisième, de connivence avec cette canaille de Psékov et qui a étouffé la victime, était une femme. Oui! Je veux parler de la sœur du défunt, Maria Ivanovna!

Tchoubikov s'étrangla avec sa vodka et fixa son regard sur Dioukovski.

– Vous... vous n'êtes pas bien? Votre tête... n'est pas à l'envers? Elle ne vous fait pas mal?

---

10. **сверка́ть/све́ркнуть (ну́, нешь):** *briller, étinceler;* ici gérondif présent suivi de l'instr.

11. **де́йствовавший:** participe passé actif de де́йствовать/поде́йствовать, *agir;* cf. де́йствующий, *en service, qui fonctionne;* де́йствующее лицо́, *personnage.*

12. **зао́дно с** + instr.: 1) *en même temps* 2) *de connivence avec.*

13. **души́вший:** participe passé actif de души́ть/задуши́ть, ду́шно, *étouffant.*

14. **я говорю́ о** + loc.: m. à m. *je parle de.*

15. **поперха́ться/поперхну́ться (ну́сь, нёшься):** *s'étrangler;* syn. дави́ться/подави́ться.

16. **уставля́ть/уста́вить (влю, вишь) глаза́ на** + acc.: *fixer son regard sur;* что вы на меня́ так уста́вились? *qu'avez-vous à me regarder ainsi?*

17. **не того́:** fam. *dingue, cinglé.*

– Я здоров. Хорошо, пусть[1] я с ума сошел, но чем вы объясните[2] ее смущение при нашем появлении[3]? Как вы объясните ее нежелание[4] давать показания? Допустим, что это пустяки – хорошо! ладно! – так вспомните про их отношения! Она ненавидела своего брата! Она староверка[5], он развратник, безбожник[6]… Вот где гнездится ненависть! Говорят, что он успел убедить ее в том, что он аггел сатаны. При ней[7] он занимался спиритизмом!

– Ну, так что же?

– Вы не понимаете! Она, староверка, убила его из фанатизма[8]! Мало того, что она убила плевел, развратника[9], она освободила мир от антихриста[10] – и в этом, мнит[11] она, ее заслуга[12], ее религиозный подвиг! О, вы не знаете, этих старых дев, староверок! Прочитайте-ка[13] Достоевского! А что пишут Лесков, Печерский!.. Она и она, хоть зарежьте[14]! Она душила! О, ехидная баба! Разве не затем только стояла она у икон, когда мы вошли, чтобы отвести нам глаза[15]? Дай, мол[16], стану и буду молиться[17], а они подумают, что я покойна, что я не ожидаю их!

---

1. **пусть:** 1) *entendu, admettons* (ici) 2) *(pourvu) que,* пусть он сюда́ придёт, *qu'il vienne ici.*
2. **объясни́те:** le verbe est au futur.
3. **при на́шем появле́нии:** notez ce sens de при, *au moment de;* бу́дьте осторо́жны при перехо́де, *faites attention en traversant la rue;* появле́ние, *apparition, arrivée.*
4. **нежела́ние:** littéralement *non désir: refus;* cf. отка́з, *refus* (plus catégorique).
5. **старове́рка:** féminin de старове́р, adepte d'un mouvement religieux né d'un schisme, dans l'Eglise russe orthodoxe, au XVII^e s., rejetant toute réforme et visant à conserver les anciennes règles et principes religieux.
6. **безбо́жник:** littéralement, *sans Dieu.*
7. **при не́й:** *en sa présence;* нехорошо́ руга́ться при же́нщине, *ce n'est pas bien de jurer en présence d'une femme.*
8. **из фанати́зма:** *par fanatisme;* notez ce sens de из + gén.: он так де́йствует из любви́, *il agit ainsi par amour.*

– Je me porte bien. Bon, admettons que je sois fou, mais comment expliquez-vous sa confusion à notre arrivée? Comment expliquez-vous son refus de donner un témoignage? Admettons que ce soient des détails, bon! Entendu! Mais rappelez-vous leurs relations! Elle détestait son frère! C'est une vieille-croyante, lui un débauché, un mécréant, voilà où se niche la haine! On dit qu'il a déjà pu la convaincre qu'il était un suppôt de Satan. Il s'adonnait au spiritisme en sa présence!

– Eh bien, et alors?

– Vous ne comprenez pas? Cette vieille-croyante l'a tué par fanatisme! Et non seulement elle a arraché l'ivraie et tué un débauché, elle a délivré le monde de l'Antéchrist! Et c'est là qu'elle voit son mérite, son exploit religieux! Oh, vous ne connaissez pas les vieilles filles de cette secte! Lisez donc Dostoïevski! Voyez ce qu'écrivent Leskov, Pétcherski!... C'est elle, voyons, c'est elle, j'en donne ma tête à couper! C'est elle qui l'a étouffé! Oh, la vipère! N'était-elle pas devant les icônes, quand nous sommes entrés, uniquement pour nous donner le change? Tiens, s'est-elle dit, je vais me mettre là à prier et ils penseront que je suis sereine et ne les attends pas!

---

9. **ма́ло того́, что она́ уби́ла плёвел, развра́тника:** m. à m. *c'est peu qu'elle ait tué l'ivraie, un débauché.*
10. **антихри́ст:** *Antéchrist;* Христос, *le Christ.*
11. **мнить (мню, мни́шь):** imperfectif, *imaginer;* мни́тельный *douillet* (qui s'imagine des douleurs).
12. **в э́том её заслу́га:** notez la construction: твоя́ заслу́га в том, что не упа́л ду́хом, *ton mérite est de n'avoir pas perdu courage.*
13. **прочита́йте-ка:** fam.; *lisez donc un peu, de* чита́ть/прочита́ть, *lire.*
14. **хоть заре́жьте!:** m. à m. *vous pouvez m'égorger;* syn. хоть убе́йте! m. à m. *vous pouvez me tuer.*
15. **отвести́ нам глаза́:** m. à m. *nous détourner les yeux.*
16. **мол:** particule indiquant le passage au récit direct; peut se traduire ici par *s'est-elle dit.*
17. **ста́ну и бу́ду моли́ться;** m. à m. *je me mettrai* (en position) *et je prierai.*

Это метод всех преступников-новичков. Голубчик, Николай Ермолаич! Родной мой! Отдайте мне это дело! Дайте мне лично довести его до[1] конца! Милый мой! Я начал, я и до конца доведу!

Чубиков замотал[2] головой и нахмурился.

– Мы и сами[3] умеем трудные дела разбирать, – сказал он. – А ваше дело не лезть[4], куда не следует. Пишите себе[5] под диктовку, когда вам диктуют, – вот ваше дело!

Дюковский вспыхнул[6], хлопнул[7] дверью и вышел.

– Умница[8], шельма! нробормотал, глядя[9] ему вслед, Чубиков. – Боольшая умница! Горяч только некстати. Нужно будет ему на ярмарке портсигар в презент купить...

На другой день утром к следователю был приведен[10] из Кляузовки молодой парень с большой головой и заячьей губой[11], который, назвавшись[12] пастухом Данилкой, дал очень интересное показание[13].

– Был я выпимши[14], – сказал он. – До полночи[15] у кумы[16] просидел[17].

---

1. **доводи́ть (жу́, дишь)/довести́ (еду́, едёшь) до конца́:** *mener à son terme;* notez la répétition de до *(jusqu'à)* dans le préverbe et la préposition; он меня́ довёл, *il m'a poussé à bout.*
2. **мота́ть/мотну́ть (ну́, нёшь):** *enrouler;* мота́ть голово́й, *secouer la tête* mais notez он меня́ замота́л *il m'a épuisé.*
3. **мы са́ми:** *nous* de majesté: le juge ne se prend pas pour n'importe qui.
4. **лезть:** cf. note 3, p. 26.
5. **пиши́те себе́: себе́** indique ici une action poursuivie mécaniquement, sans dessein particulier: иду́ себе по у́лице, а вдруг... *je marchais tranquillement dans la rue quand soudain...*
6. **вспы́хивать/вспы́хнуть (ну, нешь):** 1) *s'enflammer 2) rougir.*
7. **хло́пать/хло́пнуть (ну, нешь)** + instr.: *claquer qqch.;* про́сьба не хло́пать две́рью, *prière de ne pas claquer la porte.*
8. **у́мница:** n. masculin, *personne intelligente;* par extension *enfant bien sage;* будь у́мницей, *sois bien sage.*
9. **гля́дя:** gérondif présent de гляде́ть (жу́, ди́шь); notez la construction гляде́ть + dat. вслéд, *suivre qqun des yeux.*

C'est la méthode de tous les criminels débutants. Nikolaï Ermolaïevitch, mon cher! Mon ami! Confiez-moi cette affaire! Laissez-moi la conduire personnellement jusqu'au bout! Mon très cher! J'ai commencé et je mènerai l'enquête à son terme!

Tchoubikov secoua la tête et se renfrogna.

– Nous savons nous-même démêler les affaires difficiles, dit-il. Et ce que vous avez à faire, vous, est de ne pas mettre votre nez où il ne faut pas. Ecrivez tranquillement sous la dictée lorsqu'on vous dicte, voilà ce que vous avez à faire!

Dioukovski devint pourpre et sortit en claquant la porte.

– Il est malin, le fripon!, marmonna Tchoubikov en le suivant des yeux. Fameusement malin! Il s'enflamme seulement mal à propos. Il faudra que je lui achète un porte-cigare en présent à la foire…

Le lendemain matin, un jeune gars à grosse tête et bec-de-lièvre fut amené de Kliaouzovka et, s'étant présenté comme le berger Danilka, donna un témoignage fort intéressant.

– J'avais bu, dit-il. Et j'étais resté à Kliaouzovka jusqu'à minuit chez ma commère.

---

10. **был приведён к следователю:** forme passive officielle, pourrait être remplacée par привели его к следователю.
11. **заячья губа:** *bec de lièvre* (m. à m. *lèvre de lièvre*); notez la forme possessive en чий, чья, чье, чьи; волчий хвост, *la queue du loup,* беличья шуба, *pelisse en écureuil.*
12. **назвавшись:** gérondif passé de называться/назваться (зовусь, зовёшься); syn. называть себя.
13. **дать показание:** *donner un témoignage,* cf. note 8, p. 43; дать объяснение, *donner une explication.*
14. **выпимши:** cf. note 14, p. 41.
15. **полночи:** fam. pour полуночи, gén. de полночь, *minuit.*
16. **кум:** *compère;* кума, *commère;* кума лисица, *ma commère la renarde.*
17. **просидел:** de просиживать/просидеть (жу, дишь), про indique la *durée,* la traversée d'un laps de temps.

Идучи[1] домой, спьяна[2] полез в реку купаться[3]. Купаюсь[4] я... глядь[5]! Идут по плотине два человека и что-то черное[6] несут. «Тю!» – крикнул[7] я на них. Они испужались[8] и что есть духу[9] давай стрекача[10] к макарьевским огородам. Побей меня бог[11], коли то не барина волокли!

В тот же день перед вечером[12] Псеков и Николашка были арестованы и отправлены под конвоем в уездный город. В городе они были посажены[13] в тюремный замок.

## II

Прошло двенадцать дней.

Было утро. Следователь Николай Ермолаич сидел у себя за зеленым столом и перелистывал «кляузовское» дело[14]; Дюковский беспокойно, как волк в клетке[15], шагал из угла в угол[16].

---

1. **иду́чи:** gérondif présent de идти́; notez que le verbe aller suivi de домо́й suffit à marquer la notion de *rentrer;* иди́ домо́й сейча́с же, *rentre tout de suite à la maison!*
2. **спьяна́:** *sous l'effet de l'ivresse.*
3. **поле́з в ре́ку купа́ться:** fam. поле́з indique ici que l'idée est saugrenue; *il m'a pris l'idée d'aller me baigner dans la rivière.*
4. **купа́юсь:** présent de narration.
5. **глядь:** m. à m. *regarde!* гуля́ю себе́ и гля́дь! мой брат идёт навстре́чу, *je me promenais tranquillement et tout à coup, que vois-je? mon frère qui vient à ma rencontre.*
6. **что-то чёрное:** *qqch. de noir,* qqch. de précis qui existe mais que l'on ne connaît pas; cf. одева́й что́-нибудь чёрное, *mets qqch. de noir, n'importe quoi.*
7. **кри́кнуть:** *pousser un cri;* le suffixe ну indique que l'action n'a lieu qu'une fois; крича́ть на + acc.: *crier après, invectiver;* что ты на меня кричишь? *qu'est-ce que tu as à me crier après?*

En rentrant chez moi, comme j'étais ivre, l'idée m'a pris de me baigner dans la rivière. Comme j'étais dans l'eau... ça alors! J'ai vu deux hommes qui marchaient sur le barrage, en portant quelque chose de noir. Je leur ai crié «You!» Ils ont pris peur et les voilà qui ont filé ventre à terre, de toutes leurs forces vers les potagers de Makariev. Dieu me frappe si c'était pas le barine qu'ils emmenaient!

Le même jour, en début de soirée, Psékov et Nikolachka furent arrêtés et envoyés sous escorte au chef – lieu de district. Là ils furent mis en prison.

## II

Douze jours passèrent.

C'était le matin. Le juge Nikolaï Ermolaïevitch était chez lui, assis à sa table verte, et feuilletait le dossier Kliaouzov; Dioukovski, agité, marchait de long en large comme un ours en cage.

---

8. **испужáлись:** populaire pour испугáлись; пугáться/испугáться, *prendre peur;* испýганный, *effrayé.*
9. **что есть дýху:** *de toutes leurs forces* (m. à m. *de tout ce qu'ils avaient comme souffle*); дух, *esprit.*
10. **дáть (дáм, дáшь)/задáть стрекачá:** *prendre ses jambes à son cou;* notez la construction онú давáй стрекачá, le verbe дáть à l'impératif renforce encore l'animation de la scène.
11. **побéй менá Бог:** m. à m. *que Dieu me batte.*
12. **пéред вéчером:** m. à m. *avant le soir.*
13. **сажáть/посадúть:** 1) *asseoir* 2) *planter;* посадúть цветы́, *planter des fleurs* 3) *placer de force;* посадúть в тюрьмý, *mettre en prison;* syn. посадúть за решётку.
14. **дéло:** 1) *affaire* 2) *dossier* (ici); у меня мнóго дел, *j'ai beaucoup à faire;* дéло в шляпе, *l'affaire est dans le sac;* как делá? *comment ça va?*
15. **как волк в клéтке:** m. à m. *comme un loup en cage.*
16. **из углá в ýгол:** m. à m. *d'un coin à l'autre;* ýгол, *coin, angle;* прямóй ýгол, *angle droit.*

– Вы убеждены[1] в виновности Николашки и Псекова, – говорил он, нервно теребя[2] свою молодую бородку. – Отчего же вы не хотите убедиться в виновности Марьи Ивановны? Вам мало улик[3], что ли?

– Я не говорю, что я не убежден. Я убежден, но не верится[4] как-то... Улик настоящих нет, а все какая-то философия... Фанатизм, то да се[5]...

– А вам непременно подавай[6] топор, окровавленные[7] простыни!.. Юристы! Так я же вам докажу! Вы перестанете у меня[8] так халатно[9] относиться[10] к психической стороне дела! Быть вашей Марье Ивановне в Сибири[11]! Я докажу! Мало вам[12] философии, так у меня есть нечто вещественное... Оно покажет вам, как права моя философия! Дайте мне только поездить.

– О чем это вы?

– Про шведскую спичку-с... Забыли? А я не забыл[13]! Я узнаю[14], кто зажигал ее в комнате убитого! Зажигал не Николашка, не Псеков, у которых при обыске[15] спичек не оказалось, а третий, то есть Марья Ивановна.

---

1. **убеждены́:** participe passé passif de убежда́ть/убеди́ть.
2. **теребя́:** gérondif présent de тереби́ть (блю, бишь)/вы́теребить, *tripoter*.
3. **вам ма́ло ули́к:** m. à m. *il y a trop peu de preuves pour vous*.
4. **не ве́рится:** notez la forme impersonnelle.
5. **то да сё:** m. à m. *ceci et cela;* да est employé ici au sens de *et;* ты да я, *toi et moi*.
6. **вам подава́й:** fam., *il vous faut* (m. à m. *donne à vous),* expression très vivante.
7. **окрова́вленный:** participe passé passif de окрова́вливать/окрова́вить, *ensanglanté;* syn. в крови́, de кровь(-и), *sang;* у тебя́ рука́ вся в крови́, *tu as la main pleine de sang*.
8. **у меня́:** indique ici la proximité entre le locuteur et son interlocuteur; ты у меня́ са́мый люби́мый, *tu es mon chéri*.
9. **хала́тно:** *négligemment,* на со́весть, *consciencieusement;* хала́тность, *négligence;* борьба́ с хала́тностью, *lutte contre l'incurie*.

– Vous êtes convaincu de la culpabilité de Nikolachka et de Psékov, dit-il en tripotant nerveusement sa jeune barbe. Et pourquoi ne voulez-vous donc pas vous convaincre de celle de Maria Ivanovna? Il n'y a pas suffisamment de preuves pour vous, peut-être?

– Je ne dis pas que je n'en suis pas convaincu. J'en suis persuadé, mais je ne ne parviens pourtant pas à y croire... Nous n'avons pas de preuves véritables, rien qu'une vague philosophie... Le fanatisme, ceci, cela...

– Et il vous faut absolument une hache ou des draps ensanglantés!... Ces juristes! Eh bien, je vous le prouverai! Et vous cesserez, cher ami, de négliger à ce point l'aspect psychologique de l'affaire! Votre Maria Ivanovna n'échappera pas à la Sibérie! Je le prouverai! Si la philosophie ne vous suffit pas, je possède, moi, quelque chose de concret... qui vous montrera combien elle a raison, ma philosophie! Attendez que je circule un peu.

– De quoi parlez-vous?

– De l'allumette suédoise... Vous l'avez oubliée? Pas moi! Je trouverai qui l'a allumée dans la chambre de la victime. Ce n'est pas Nikolachka, ni Psékov, chez qui, lors de la perquisition, il n'a pas été trouvé d'allumettes, mais la troisième, c'est-à-dire Maria Ivanovna.

---

10. **относи́ться (шу́сь, но́сишься)/отнести́сь (несу́сь, сёшься)** + adverbe **к** + dat.: *avoir une attitude... envers...;* ко всему э́тому я отношу́сь весьма́ хо́лодно, *tout cela me laisse très froid.*
11. **быть ва́шей Ма́рье Ива́новне в Сиби́ри:** *elle ira, votre Maria Ivanovna, en Sibérie* (aucune alternative n'est admise).
12. **мало́ вам:** cf. note 3.
13. **а я не забы́л:** on reprend très souvent en russe, dans la réponse à une question, le verbe employé pour la question; пришёл? – пришёл, *tu es venu? – oui.*
14. **узнава́ть/узна́ть:** la conjugaison de ces deux verbes diffère seulement par l'accent 1) узнаю́, узнаёшь, présent; 2) узна́ю, узна́ешь, futur.
15. **о́быск:** *perquisition;* при о́быске спи́чек не оказа́лось, m. à m. *à la perquisition, il n'a pas été trouvé d'allumettes.*

И я докажу!.. Дайте[1] только поездить по уезду, поразузнать[2]…

– Ну, ладно, садитесь… Давайте допрос делать[3].

Дюковский сел за столик и уткнул[4] свой длинный нос в бумаги.

– Ввести[5] Николая Тетехова! – крикнул следователь.

Ввели Николашку. Николашка был бледен и худ, как щепка[6]. Он дрожал[7].

– Тетехов! – начал Чубиков. – В тысяча восемьсот семьдесят девятом году вы судились[8] у судьи первого участка за кражу и были приговорены[9] к тюремному заключению[10]. В тысяча восемьсот восемьдесят втором году вы вторично судились за кражу и вторично попали в тюрьму… Нам все известно…

На лице у Николашки выразилось[11] удивление. Всеведение следователя изумило его. Но скоро удивление сменилось[12] выражением крайней скорби. Он зарыдал[13] и попросил позволения пойти умыться и успокоиться. Его увели.

– Ввести Псекова! – приказал следователь[14].

Ввели Псекова. Молодой человек за последние дни сильно изменился в лице[15].

---

1. **да́йте:** *permettez-moi;* ce sens de дава́ть/(аю́, аёшь)/дать (да́м, да́шь) est fréquent; да́йте мне поговори́ть, *laissez-moi parler.*

2. **поразузнава́ть/поразузна́ть:** cumul de deux préverbes, по, *un peu et* раз, *désembrouiller* (ici).

3. **дава́йте допро́с де́лать:** m. à m. *allons, faisons l'interrogatoire;* дава́йте пить чай, *prenons donc le thé;* допро́с, *interrogatoire;* допра́шивать/допроси́ть, *interroger.*

4. **уты́кать/уткну́ть (ну́, нёшь) нос в** + acc.: *plonger le nez dans,* le préverbe у a ici le sens de *cacher.*

5. **ввести́ (еду́, едёшь)/вводи́ть (ожу́, дишь):** *faire entrer;* syn. ici введи́те!

6. **худ как ще́пка:** m. à m. *maigre comme un copeau;* худой, *maigre;* худе́ть/похуде́ть, *maigrir.*

7. **дрожа́ть (жу́, жи́шь):** *trembler,* le perfectif, дро́гнуть, indiquant l'action unique, a le sens de *sursauter, tressaillir.*

Et je le prouverai. Laissez-moi seulement circuler dans le district, me renseigner...

– C'est bon, asseyez-vous... Procédons à l'interrogatoire.

Dioukovski s'assit à sa petite table et plongea son long nez dans se papiers.

– Faites entrer Nikolaï Tétékhov! cria le juge.

On fit entrer Nikolachka. Il était pâle et maigre comme un clou. Il tremblait.

– Tétékhov, commença Tchoubikov, en 1879 vous avez été jugé par le parquet de la première section pour vol, et condamné à la prison. En 1882, vous avez de nouveau été jugé pour vol et avez été mis pour la seconde fois en prison... Nous savons tout...

Le visage de Nikolachka exprima l'étonnement. Le savoir universel du juge le stupéfiait. Mais cet étonnement fit bientôt place à l'expression d'une affliction profonde. Il éclata en sanglots et demanda la permission d'aller se laver le visage et se calmer. Il fut emmené.

– Faites entrer Psékov! ordonna le juge.

On fit entrer Psékov. Ces derniers jours, le visage du jeune homme avait beaucoup changé.

---

8. **суди́ться за** + acc.: imperfectif, forme réfléchie exprimant le passif, *être jugé.*

9. **пригова́ривать/приговори́ть к** + dat.: *condamner à;* приговори́ть к сме́рти, *condamner à mort.*

10. **заключе́ние:** 1) *réclusion;* заключа́ть/заключи́ть, *enfermer;* тюре́мное заключе́ние, *incarcération;* 2) *conclusion.*

11. **вы́разилось:** de выража́ться/вы́разиться (жусь, зишься), notez la forme neutre; cf. note 4, p. 20.

12. **сменя́ться/смени́ться:** + instr.: *faire place à;* дни сменя́ются ноча́ми, *les nuits succèdent aux jours.*

13. **рыда́ть/зарыда́ть:** *sangloter;* indiquant le début de l'action, le perfectif signifie *éclater en sanglots.*

14. **сле́дователь(-я):** *juge d'instruction;* сле́дствие, *enquête, instruction.*

15. **изменя́ться/измени́ться в лице́:** m. à m.. *changer dans son visage.*

Он похудел, побледнел и осунулся[1]. В глазах читалась[2] апатия.

– Садитесь, Псеков, – сказал Чубиков. – Надеюсь, что сегодняшний раз[3] вы будете благоразумны и не станете лгать[4], как те разы[5]. Во все те дни вы отрицали[6] свое участие в убийстве Кляузова, несмотря на всю массу улик, говорящих[7] против вас. Это неразумно. Сознание облегчает вину. Сегодня я беседую с вами в последний раз[8]. Если сегодня не сознаетесь, то завтра будет уже поздно. Ну, рассказывайте нам...

– Ничего я не знаю... И улик ваших не знаю, – прошептал Псеков.

– Напрасно-с! Ну, так позвольте же мне рассказать вам, как было дело[9]. В субботу вечером вы сидели в спальне Кляузова и пили с ним водку и пиво (Дюковский вонзил[10] свой взгляд в лицо Псекова и не отрывал его в продолжение[11] всего монолога). Вам прислуживал Николай. В первом часу[12] Марк Иванович заявил[13] вам о своем желании ложиться спать. В первом часу он всегда ложился. Когда он снимал сапоги и отдавал вам приказания по хозяйству, вы и Николай, по данному знаку[14], схватили опьяневшего хозяина и опрокинули его на постель.

---

1. **осу́нуться (нусь, нешься) в лице́:** syn. похуде́ть.
2. **чита́лась:** forme réfléchie à sens passif (comme, en français, «se lisait»).
3. **сего́дняшний раз:** syn. на сей раз ou сего́дня; m. à m. *la fois d'aujourd'hui.*
4. **не ста́нете лгать (лгу, лжешь):** syn. не бу́дете лгать, он не ста́нет жа́ловаться, *il ne se plaindra pas.*
5. **те разы́:** *les autres fois, les fois passées;* в тот раз, *l'autre fois.*
6. **отрица́ть:** imperfectif, *nier;* отрица́ние, *négation;* отрица́тельный, *négatif.*
7. **говоря́щих:** participe présent actif de говори́ть/сказа́ть; говоря́щая ку́кла, *une poupée qui parle.*
8. **в после́дний раз:** *pour la dernière fois;* notez l'emploi de в + acc.; я слы́шал звон в после́дний раз, *j'ai entendu pour la dernière fois le carillon.*

Il avait maigri, pâli et ses traits s'étaient accusés. L'apathie se lisait dans ses yeux.

– Asseyez-vous, Psékov, dit Tchoubikov, J'espère que, cette fois, vous serez raisonnable et n'allez pas mentir comme les fois précédentes. Tous ces jours-ci, vous avez nié votre participation au meurtre de Kliaouzov, malgré la foule de preuves qui parlent contre vous. Ce n'est pas raisonnable. L'aveu allège la faute. C'est la dernière fois aujourd'hui que je vous parle. Si vous n'avouez pas aujourd'hui, il sera trop tard demain. Allez, racontez-nous...

– Je ne sais rien... Et je ne connais pas vos preuves, murmura Psékov.

– Vous avez tort! Eh bien, permettez-moi de vous raconter comment se sont passées les choses, Samedi soir, vous étiez dans la chambre de Kliaouzov et vous avez bu avec lui de la vodka et de la bière (Dioukovski planta son regard dans le visage de Psékov sans l'en détacher durant tout ce monologue). Nikolaï vous servait. Après minuit, Marc Ivanovitch vous a dit son désir de se coucher. Il se couchait toujours après minuit. Tandis qu'il retirait ses bottes et vous donnait des instructions pour l'intendance, Nikolaï et vous, sur un signe convenu, avez saisi votre maître ivre et l'avez renversé sur son lit.

---

9. **как было дело:** *comment les choses se sont réellement passées;* cf. note 14, p. 61.
10. **вонзи́ть (жу́, зи́шь):** perfectif, *planter, enfoncer;* Иван Царе́вич вонзи́л свой меч в брю́хо чудо́вища, *le prince Ivan enfonça son épée dans le ventre du monstre.*
11. **в продолже́ние** + acc.: *durant toute la durée de;* продолже́ние сле́дует, *à suivre.*
12. **в пе́рвом часу́:** m. à m. *dans la première heure,* c'est-à-dire *entre minuit et une heure;* уже седьмо́й час, *il est déjà plus de six heures.*
13. **заявля́ть/заяви́ть (влю́, ви́шь) о** + loc.: *déclarer;* заявле́ние, *déclaration* (souvent écrite).
14. **по да́нному зна́ку:** m. à m. *sur un signe donné;* в знак дру́жбы, *en signe d'amitié.*

Один из вас[1] сел ему на ноги, другой на голову. В это время из сеней[2] вошла известная[3] вам женщина в черном[4] платье, которая ранее условилась[5] с вами относительно своего участия в этом преступном деле. Она схватила[6] подушку и стала душить его ею. Во время борьбы потухла[7] свеча. Женщина вынула[8] из кармана коробку со[9] шведскими спичками и зажгла свечу. Не так ли? Я по лицу вашему вижу[10], что говорю правду. Но далее... Задушив его и убедившись[11], что он не дышит, вы и Николай вытащили его через окно и положили около репейника. Боясь, чтобы он не ожил, вы ударили его чем-то острым. Затем вы понесли и положили его на некоторое время[12] под сиреневый куст. Отдохнув[13] и подумав[14], вы понесли его... Перенесли[15] через плетень... Потом пошли по дороге... Далее следует[16] плотина. Около плотины испугал вас какой-то мужик. Но что с вами?

Псеков, бледный, как полотно, поднялся и зашатался.

– Мне душно! – сказал он. – Хорошо... пусть... Только я выйду[17]... пожалуйста.

---

1. **из вас:** *d'entre vous;* **кто из вас разби́л стекло́,** *qui d'entre vous a brisé la vitre?*
2. **се́ни:** pièce servant d'*entrée,* toujours au pluriel.
3. **изве́стный:** *connu;* уравне́ние с двумя́ неизве́стными, *équation à deux inconnues.*
4. **в чёрном:** *en noir, habillé de noir;* он был в пальто, *il portait un manteau.*
5. **усло́виться/обусло́виться с** + instr. относи́тельно + gén.: *convenir avec qqun de qqch.;* относи́тельно: *relativement,* cf. note 14, p. 33.
6. **хвата́ть/схвати́ть (чу́, тишь):** *saisir;* он её схвати́л за́ руку, *il lui saisit la main.*
7. **ту́хнуть/поту́хнуть:** *s'éteindre;* ne s'emploie qu'à la forme impersonnelle; le suffixe ну disparaît au passé.
8. **вынима́ть/вы́нуть (ну, нешь) из** + gén.: *sortir de;* он из шля́пы вы́нул кро́лика, *il sortit un lapin du chapeau.*
9. **коро́бка с** + instr.: *une boîte de;* коро́бка с конфе́тами, *une boîte de bonbons.*

L'un d'entre vous s'est assis sur ses pieds, l'autre sur sa tête. C'est alors qu'est apparue, venant de l'entrée, une femme en noir connue de vous, qui avait convenu avec vous antérieurement de sa participation à cette affaire criminelle. Elle a saisi l'oreiller à l'aide duquel elle s'est mise à l'étouffer. Durant la lutte, la bougie s'est éteinte. La femme a sorti de sa poche une boîte d'allumettes suédoises et a rallumé la bougie. N'est-ce pas ainsi? Je vois à votre visage que je dis la vérité. Mais poursuivons... Après l'avoir étouffé et avoir constaté qu'il ne respirait plus, Nikolaï et vous l'avez traîné par la fenêtre et couché près du buisson de bardane. Craignant qu'il ne reprenne vie, vous l'avez frappé avec quelque chose de pointu. Puis vous l'avez transporté et l'avez déposé pour quelque temps sous un buisson de lilas. Après vous être reposés et avoir un peu réfléchi, vous l'avez emporté... Vous avez franchi la haie... Puis vous avez suivi la route... Ensuite, il y a la digue. Près de la digue, un paysan vous a fait peur. Mais qu'avez-vous?

Pâle comme un ligne, Psékov s'était levé et vacillait.

– J'étouffe, dit-il. C'est bon, soit... Mais laissez-moi sortir, je vous en prie.

---

10. **по лицу́ ви́жу:** *je vois à votre visage;* по похо́дке ви́дно, что он уста́л, *on voit à sa démarche qu'il est fatigué.*
11. **убеди́вшись:** gérondif passé de убежда́ться/убеди́ться.
12. **на не́которое вре́мя:** *pour quelque temps;* на неде́лю, *pour une semaine;* notez ce sens temporel de на + acc. indiquant la durée.
13. **отдохну́в:** gérondif passé de отдыха́ть/отдохну́ть (ну́, нёшь), *se reposer.*
14. **поду́мав:** gérondif passé de ду́мать/поду́мать, *penser, réfléchir.*
15. **переноси́ть/перенести́ (несу́, несёшь):** *faire traverser,* le préverbe пере exprimant la *traversée;* l'action a lieu à pied, alors que: перевози́ть/перевезти́, signifie *traverser,* mais non à pied.
16. **да́лее сле́дует:** m. à m. *plus loin suit;* и так да́лее, *et cætera;* продолже́ние сле́дует, *à suivre.*
17. **то́лько я вы́йду:** m.à m. *seulement je sortirai.*

Псекова вывели.

– Наконец-таки сознался! – сладко потянулся Чубиков. – Выдал себя! Как я его ловко[1], однако! Так и засыпал[2]...

– И женщину в черном не отрицает! – засмеялся[3] Дюковский. – Но, однако, меня ужасно мучит[4] шведская спичка! Не могу долее[5] терпеть! Прощайте! Еду.

Дюковский надел фуражку и уехал. Чубиков начал допрашивать Акульку. Акулька заявила, что она знать ничего не знает[6]...

– Жила я только с вами, а больше ни с кем[7]! – сказала она.

В шестом часу вечера воротился Дюковский. Он был взволнован, как никогда[8]. Руки его дрожали до такой степени, что он был не в состоянии[9] расстегнуть пальто. Щеки его горели. Видно было, что он воротился не без новости.

– Veni, vidi, vici[10]! – сказал он, влетая[11] в комнату Чубикова и падая в кресло. – Клянусь вам честью, я начинаю веровать[12] в свою гениальность. Слушайте, черт нас возьми[13] совсем! Слушайте, и удивляйтесь, старина[14]!

---

1. **как я его́ ло́вко:** sous-entendu пойма́л *(attrapé)*.
2. **сы́пать (сы́плю, плешь)/засы́пать:** *recouvrir de qqch. qui se verse:* sable; farine; засы́пать са́харным песко́м, *saupoudrer de sucre;* ici le juge a impitoyablement déversé sa version des faits sur Psékov.
3. **смея́ться (ю́сь, ёшься)/засмея́ться:** notez l'emploi transitif.
4. **му́чить (чу, чишь et чаю, чаешь)/изму́чить:** *torturer;* муче́ние, *torture;* му́ченик, *martyr.*
5. **до́лее:** forme ancienne pour до́льше, *(plus): longtemps;* cf. бо́лее, *pour,* бо́льше, *davantage.*
6. **знать ничего́ не зна́ет:** fam. formule d'insistance par répétition; m.à m. *pour ce qui est de savoir, elle ne sait rien:* тро́гать он её не тро́гал, *il ne l'a pas touchée.*
7. **бо́льше ни с кем:** *avec personne d'autre;* бо́льше ничего́ *rien d'autre.*

On emmena Psékov.

– Enfin, il a avoué! dit Tchoubikov en s'étirant avec délectation. Il s'est livré! Que je l'ai coincé habilement, cependant! Je l'ai fameusement submergé...

– Il ne nie pas la femme en noir, dit Dioukovski en riant. Cependant, l'allumette suédoise me tourmente affreusement. Je ne puis y tenir plus longtemps! Adieu! Je pars!

Dioukovski mit sa casquette et sortit. Tchoubikov entreprit d'interroger Akoulka. Celle-ci déclara qu'elle ne savait rigoureusement rien.

– Je n'ai vécu qu'avec vous et avec personne d'autre! dit-elle.

Dioukovski revint après cinq heures. Il était plus ému que jamais. Ses mains tremblaient à tel point qu'il était incapable de déboutonner son manteau. Ses joues brûlaient. On voyait qu'il ne revenait pas sans nouvelles.

– *Veni, vidi, vici*, dit-il en entrant en coup de vent dans le bureau de Tchoubikov et s'effondrant dans un fauteuil. Je vous jure honnêtement que je commence à croire à mon génie. Ecoutez-moi, le diable nous emporte tout à fait! Ecoutez-moi et étonnez-vous, mon vieux!

---

8. **как никогда́:** même tournure qu'en français, *comme jamais*.
9. **в состоя́нии:** *en état de;* он не в состоя́нии встава́ть, *il n'est pas en état de se lever*, состоя́ние; 1) *état*, 2) *fortune;* состоя́тельный, *riche, aisé;* он пропи́л все своё состоя́ние, *il a bu toute sa fortune*. Noter que *fortune* au sens de *chance* se dit уда́ча; его преслéдует уда́ча, *la fortune lui sourit*.
10. **veni, vidi, vici:** latin, *je suis venu, j'ai vu, j'ai vaincu*.
11. **влете́ть (а́ю, а́ешь):** m. à m. *entrer en volant*, de лета́ть/лете́ть/полете́ть.
12. **верова́ть (ру́ю, ру́ешь):** imperfectif, littéraire, syn. ве́рить, *croire;* верова́ние, *croyance*.
13. **чёрт возьми́** ou **чёрт побери́:** *par tous les diables;* чёрт вас возьми́, *le diable vous emporte*.
14. **старина́:** 1) *mon vieux* (terme amical); 2) *temps anciens;* в старину́, *dans l'ancien temps*.

Смешно и грустно! В ваших руках уже есть трое... не так ли? Я нашел четвертого или, вернее – четвертую, ибо[1] и эта есть женщина! И какая женщина! За одно прикосновение к[2] ее плечам я отдал[3] бы десять лет жизни! Но... слушайте... Поехал я в Кляузовку и давай вокруг нее описывать[4] спираль. Посетил я на пути все лавочки, кабачки, погребки[5], спрашивая всюду шведские спички. Всюду мне говорили «нет». Колесил я до сей поры[6]. Двадцать раз я терял[7] надежду и столько же раз получал[8] ее обратно. Валандался целый день и только час тому назад набрел на[9] искомое[10]. За три версты[11] отсюда. Подают[12] мне пачку из десяти коробочек. Одной коробки нет как нет[13]... Сейчас: «Кто купил эту коробку?» Такая-то... – «Понравилось[14] ей... пшикают«[15]. Голубчик мой! Николай Ермолаич! Что может иногда сделать человек, изгнанный[16] из семинарии и начитавшийся[17] Габорио, так уму непостижимо! С сегодняшнего дня начинаю уважать себя[18]!.. Уффф... Ну, едем!

– Куда это?

---

1. **и́бо:** (littéraire) *car.*
2. notez la construction de **прикоснове́ние к** + dat.
3. **отдава́ть (даю́, даёшь)/отда́ть (да́м, да́шь):** *donner;* я отдал бы полца́рства за коня́, *je donnerais la moitié de mon royaume pour un cheval.*
4. **опи́сывать/описа́ть (шу, шешь):** *décrire;* описа́ть круг, *décrire un cercle.*
5. **погребо́к:** *troquet;* по́греб, *cave.*
6. **до сей поры́:** *jusqu'à présent;* syn. до сих пор; по сей день, *jusqu'à ce jour;* cf. note 2, p. 54.
7. **теря́ть/потеря́ть:** *perdre;* потéря, *perte;* потéрянный, *perdu.*
8. **получа́ть/получи́ть (чу, чишь):** l'emploi de l'imperfectif exprime la répétition de l'action dans le temps.
9. **набрести́ (ду́, дёшь):** fam. *trouver par hasard;* le préverbe на exprimant l'idée de *trouver,* cf. найти́, *trouver;* набрести на уда́чную идéю, *avoir une bonne idée.*
10. **иско́мое:** participe présent passif de искать/разыска́ть, *chercher;* иско́мая величина́, *grandeur cherchée.*

C'est comique et triste à la fois. Vous en avez déjà trois entre les mains... n'est-ce pas? J'en ai trouvé un quatrième ou, plus exactement, une quatrième, car celle-là aussi est une femme! Et quelle femme! Rien que pour effleurer ses épaules, je donnerais dix ans de ma vie! Mais... Ecoutez... Je suis allé à Kliaouzovka et j'ai entrepris de décrire une spirale tout autour. J'ai visité en chemin toutes les boutiques, les cabarets, les troquets, en demandant partout des allumettes suédoises. Et partout, on m'a répondu «non». J'ai roulé jusqu'à présent. Vingt fois, j'ai perdu l'espoir et autant de fois je l'ai retrouvé. J'ai vagabondé ainsi toute la journée et, il y a une heure seulement, je suis tombé sur ce que je cherchais. A trois verstes d'ici. On m'a donné un paquet de dix boîtes. Et il en manquait une, justement... J'ai demandé tout de suite: «Qui a acheté cette boîte?» «Une telle... ça lui a plu... Ça fait pchitt!» Mon cher Nikolaï Ermolaïevitch! Ce que peut faire parfois un homme chassé du séminaire et nourri de Gaboriau, c'est inimaginable! A partir d'aujourd'hui, je commence à me respecter!.. Ouf! Mais, allons!

– Où donc?

---

11. **за три версты́:** за + acc. exprime la distance; за три́девять земе́ль, за мо́рем и океа́ном (début des contes) *par-delà les terres innombrables, les mers et les océans...*
12. **подава́ть (аю́, ёшь)/пода́ть (да́м, да́шь):** *présenter, servir,* cf. note 4, p. 46.
13. **нет как нет:** fam. *rien de rien.*
14. **пондра́вилось:** fam. pour понра́вилось, de нра́виться (влюсь, вишься)/понра́виться, *plaire.*
15. **пши́кать:** verbe-onomatopée de пшик; *faire «pschitt».*
16. **и́згнанный:** из + gén., participe passé passif de изгоня́ть/изгна́ть, *chasser, exiler;* изгна́ние, *exil.*
17. **начи́тываться/начита́ться:** *lire en grande quantité;* на + forme pronominale indiquant la quantité; cf. наеда́ться/нае́сться (е́мся, е́шься): *manger à satiété, se repaître.*
18. **уважа́ть за** + acc.: *respecter;* уваже́ние, *respect.*

– К ней, к четвертой... Поспешить[1] нужно, иначе... иначе я сгорю от нетерпения! Знаете, кто она? Не угадаете[2]! Молоденькая[3] жена нашего станового, старца Евграфа Кузьмича. Ольга Петровна – вот кто! Она купила[4] ту коробку спичек!

– Вы... ты... вы... с ума сошел?

– Очень понятно[5]! Во-первых, она курит. Во-вторых, она по уши была влюблена[6] в Кляузова. Он отверг[7] ее любовь для какой-нибудь[8] Акульки. Месть. Теперь я вспоминаю[9], как однажды застал[10] их в кухне за ширмой. Она клялась[11] ему, а он курил ее[12] папиросу и пускал ей дым в лицо[13]. Но, однако, поедемте[14]... Скорее, а то уже темнеет... Поедемте!

– Я еще не сошел с ума настолько, чтобы из-за какого-нибудь мальчишки беспокоить[15] ночью благородную, честную женщину!

– Благородная, честная... Тряпка[16] вы после этого, а не следователь! Никогда не осмеливался[17] бранить[18] вас, а теперь вы меня вынуждаете!

---

1. **спеши́ть (шу́, ши́шь)/поспеши́ть:** *se hâter;* поспе́шно, *à la hâte;* спе́шка, *hâte;* что за спе́шка? *qu'est-ce que c'est que cette précipitation?*
2. **гада́ть/угада́ть:** *deviner;* зага́дка, *énigme;* гада́ть à l'imperfectif signifie encore *dire la bonne aventure, prédire l'avenir.*
3. **моло́денькая:** diminutif, signifie ici que la jeune dame est appétissante.
4. **она́ купи́ла:** l'ordre des mots met l'accent sur elle, *c'est elle qui a acheté...*
5. **поня́тно:** *compréhensible;* всё поня́тно, *tout est clair.*
6. **по́ у́ши влюблён:** m. à m. *amoureux jusqu'aux oreilles.*
7. **отверга́ть/отве́ргнуть (ну, нешь):** *rejeter;* notez la disparition du suffixe au passé.
8. **како́й-нибу́дь:** *une quelconque,* méprisant ici.
9. **вспомина́ть/вспо́мнить (мню, мнишь) о** + loc.: *se souvenir;* воспомина́ние, *souvenir;* па́мять(-и), *mémoire.*

– Chez elle, chez la quatrième... Nous devons nous hâter, sans quoi... sans quoi je vais me consumer d'impatience! Savez-vous qui c'est? Vous ne le devinerez pas. La jeune femme de notre commissaire, le vieil Evgraf Kouzmitch, Olga Pétrovna, voilà qui c'est! C'est elle qui a acheté cette boîte d'allumettes!

– Vous... tu... vous... tu es fou?

– C'est limpide! Premièrement, elle fume. Deuxièmement, elle était follement amoureuse de Kliaouzov. Il lui a refusé son amour pour une quelconque Akoulka. Vengeance. Je me souviens à présent de les avoir surpris un jour dans la cuisine, derrière le paravent. Elle lui faisait des serments tandis qu'il lui fumait sa cigarette et lui envoyait la fumée au visage. Cependant, allons... Vite, car la nuit tombe déjà... Allons!

– Je ne suis pas encore assez fou pour déranger nuitamment, à cause d'un gamin, une noble et honnête femme!

– Noble, honnête... Vous n'êtes qu'une lavette après cela et non pas un juge! Je n'ai jamais osé vous faire de reproches, mais à présent, vous m'y contraignez!

---

10. **заставáть (аю́, аёшь)/застáть (áну, áнешь):** *surprendre, trouver;* он застáл профéссора за зáвтраком, *il trouva le professeur en train de déjeuner.*
11. **кля́сться (ну́сь, нешься)/покля́сться в** + loc.: *jurer, prêter serment;* он ей покля́лся в любви́, *il lui a juré son amour.*
12. **её:** il fume ses cigarettes *à elle.*
13. **пускáть/пусти́ть (щу, стишь) дым в лицо:** *envoyer la fumée au visage;* cf. пускáть пыль в глазá, *jeter de la poudre aux yeux.*
14. **поéдемте:** fam. pour поéдем (éду, éдешь), *allons* (en voiture), de éхать/поéхать.
15. **беспокáивать/беспокóить (кóю, ишь):** *déranger,* покой, *tranquillité, repos;* le préverbe без (бес) indique l'idée de retrait.
16. **тря́пка:** *chiffon,* au figuré: *lavette.*
17. **осмéливаться/осмели́ться (юсь, ишься):** *s'enhardir, oser;* смéлый, *hardi.*
18. **брани́ть (ю, ишь)/вы́бранить:** *gronder, invectiver,* брань, *jurons.*

Тряпка! Халат[1]! Ну, голубчик[2], Николай Ермолаич! Прошу вас!

Следователь махнул рукой и плюнул.

– Прошу вас! Прошу не для себя, а в интересах правосудия[3]! Умоляю наконец! Сделайте мне одолжение[4] хоть раз в жизни[5]!

Дюковский стал на колени.

– Николай Ермолаич! Ну, будьте так добры[6]! Назовите[7] меня подлецом, негодяем, если я заблуждаюсь относительно этой женщины! Дело ведь какое! Дело-то[8]! Роман, а не дело! На всю Россию слава пойдет! Следователем по особо важным делам[9] вас сделають! Поймите вы, неразумный старик!

Следователь нахмурился и нерешительно протянул руку к шляпе.

– Ну, черт с тобой! – сказал он. – Едем.

Было уже темно, когда шарабан следователя подкатил[10] к крыльцу станового.

– Какие мы свиньи! – сказал Чубиков, берясь[11] за звонок. – Беспокоим людей.

– Ничего, ничего... Не робейте[12]... Скажем, что у нас рессора лопнула[13].

---

1. **хала́т;** *tablier, tenue d'intérieur* pour une femme.
2. **голу́бчик:** *petit pigeon* de го́лубь, *pigeon,* signifie *mon cher.*
3. **правосу́дие:** *justice,* суд, *tribunal;* судья́, *juge.*
4. **де́лать/сде́лать одолже́ние:** *rendre un service, avoir l'obligeance de.*
5. **хоть раз в жи́зни:** m. à m. *au moins une fois dans votre vie;* дава́йте раз в жи́зни весели́ться, *amusons-nous pour une fois.*
6. **бу́дьте так добры́:** m. à m. *soyez assez bon.*
7. **называ́ть/назва́ть (зову́, зовёшь):** *appeler, qualifier de, prénommer;* его зову́т Ива́н, *il s'appelle Ivan,* сле́дует называ́ть ве́щи свои́ми имена́ми, *il faut appeler les choses par leur nom.*

Une lavette! Une pantoufle! Allons, mon cher Nikolaï Ermolaïevitch! Je vous en prie!

Le juge fit un geste de la main et cracha.

– Je vous en prie! Je vous le demande non pas pour moi mais dans l'intérêt de la justice! Je vous en supplie enfin! Ayez cette obligeance, pour une fois!

Dioukovski se mit à genoux.

– Nikolaï Ermolaïevitch! Ayez cette bonté! Vous pouvez me qualifier de canaille et de vaurien si je me trompe au sujet de cette femme. Vous voyez bien quelle affaire c'est là! Quelle affaire! C'est un roman, pas une affaire! Ce sera la gloire dans toute la Russie! Vous serez promu juge aux affaires les plus importantes! Comprenez enfin, déraisonnable vieillard!

Le juge se renfrogna et tendit, d'un geste hésitant, la main vers son chapeau.

– Bon, tant pis pour toi, dit-il. Allons.

Il faisait déjà sombre lorsque le cabriolet du juge parvint au perron du commissaire.

– Quels porcs nous sommes! dit Tchoubikov en tirant sur la sonnette. Nous dérangeons les gens.

– Ce n'est rien, ce n'est rien... ne vous laissez pas intimider... Nous dirons qu'un ressort a cassé.

---

8. **дéло-то:** la particule то souligne l'importance de l'affaire; le style est familier.
9. **осóбо вáжные делá:** *affaires* particulièrement importantes; осóбо вáжное задáние, *mission spéciale* (très importante).
10. **подкáтывать/подкатúть (чý, тишь):** syn. ici подъезжáть/подъéхать, *arriver jusqu'à;* катúть, imperfectif, *rouler;* fig. до чегó он докатúлся, *il est tombé bien bas* (m. à m. *jusqu'où il a roulé).*
11. **берясь:** gérondif présent de брáться/взяться (возьмýсь, мёшься) за + acc., *s'attaquer* à; порá взяться за дéло, *il est temps de se mettre à l'ouvrage.*
12. **робéть:** *être intimidé;* рóбкий; *timide.*
13. **лóпнуть (ну, нешь):** perfectif, *éclater.*

Чубикова и Дюковского встретила на пороге высокая[1] полная женщина лет двадцати трех, с черными, как смоль[2], бровями и жирными[3], красными губами. Это была сама Ольга Петровна.

– Ах… очень приятно! – сказала она, улыбаясь во все лицо. – Как раз к ужину поспели[4]. Моего[5] Евграфа Кузьмича нет дома… У попа засиделся[6]… Но мы и без него обойдемся[7]… Садитесь! Вы это со[8] следствия?..

– Да-с… У нас, знаете ли, рессора лопнула, – начал Чубиков, войдя в гостиную и усаживаясь[9] в кресло.

– Вы сразу… ошеломите[10]! – шепнул ему Дюковский. – Ошеломите!

– Рессора… Ми… да… Взяли и заехали.

– Ошеломите, вам говорят[11]! Догадается, коли канителить[12] будете!

– Ну, так делай, как сам знаешь[13], а меня избавь! – пробормотал Чубиков, вставая[14] и отходя[15] к окну. – Не могу! Ты заварил кашу, ты и расхлебывай[16]!

---

1. **высóкий человéк:** *un homme grand* (haut).
2. **чёрный как смоль:** *noir comme du jais;* смолá, *goudron.*
3. **жúрный:** 1) *gras;* жúрное пятнó, *tache de graisse;* 2) *épais;* жúрная чертá, *un trait épais.*
4. **к ýжину поспéли:** *vous arrivez à temps pour le dîner;* syn. успевáть/успéть; нýжно успéть к начáлу сеáнса, *il faut arriver pour le début de la séance.*
5. **моегó:** notez cet emploi affectueux de мой.
6. **засúживаться/засидéться (жýсь, дúшься):** *rester longtemps assis,* plus que prévu ou plus que la normale, le préverbe за et la forme pronominale exprimant l'idée de *dépasser la mesure;* засидéлся он у нас, *il commence à s'incruster.*
7. **обходúться (хожýсь, хóдишься)/обойтúсь (идýсь, идёшься) без** + gén.: *se passer de;* обойтú, *éviter;* le préverbe donnant l'idée de *contourner.*
8. **вы э́то со:** *vous venez de;* э́то pour возвращáетесь.
9. **усáживаться/усадúться (жýсь, дúшься):** *s'asseoir, s'installer;* усáживайтесь поудóбнее, *installez-vous bien,* cf. садúться/сесть, qui signifie simplement *s'asseoir.*

Tchoubikov et Dioukovski furent accueillis sur le seuil par une grande dame rebondie de vingt-trois ans, aux sourcils noirs comme du jais et aux lèvres épaisses et rouges. C'était Olga Pétrovna en personne.

– Ah... Très heureuse! dit-elle en souriant largement. Vous arrivez justement pour le dîner. Mon cher Evgraf Kouzmitch n'est pas là, il est retenu chez le pope... Mais nous nous passerons de lui... Asseyez-vous. Vous revenez de l'enquête?..

– Oui... Voyez-vous, un ressort de notre voiture a cassé... commença Tchoubikov en entrant au salon et en s'installant dans un fauteuil.

– Surprenez-la d'emblée! lui souffla Dioukovski. Prenez-la de court!

– Un ressort... hum... oui, nous sommes simplement passés.

– Surprenez-la, vous dis-je! Elle va tout deviner si vous traînez en longueur!

– Eh bien, fais comme tu l'entends et épargne-moi cela! marmonna Tchoubikov en se levant et s'éloignant vers la fenêtre. Je ne puis. C'est toi qui as fait cuire ce brouet, à toi de l'avaler!

---

10. **ошеломля́ть/ошеломи́ть (млю́, ми́шь):** *ébahir, époustoufler,* ошеломле́ние, *stupéfaction;* ошеломля́юще! *c'est époustouflant!*
11. **вам говоря́т:** m. à m. *on vous dit.*
12. **кани́телить:** imperfectif (fam.) *lambiner, patauger, empêcher les choses d'avancer;* le sens exclut le perfectif.
13. **как сам зна́ешь:** m. à m. *comme tu le sais toi-même;* де́йствуй как зна́ешь, *agis comme tu l'entends.*
14. **вставая́:** gérondif présent de встава́ть (аю́, аёшь)/вста́ть (а́ну, а́нешь): *se mettre debout.*
15. **отходя́:** gérondif présent de отходи́ть (хожу́, дишь)/отойти́ (иду́, идёшь) от + gén. к + dat.; le préverbe indiquant le détachement.
16. **ты завари́л ка́шу, ты и расхлёбывай:** m. à m. *c'est toi qui as fait cuire la bouillie, à toi de la manger,* proverbe.

– Да, рессора... – начал Дюковский, подходя[1] к становихе и морща[2] свой длинный нос. – Мы заехали не для того, чтобы[3]... э-э-э... ужинать и не к Евграфу[4] Кузьмичу. Мы приехали затем, чтобы[5] спросить вас, милостивая[6] государыня, где находится Марк Иванович, которого вы убили?

– Что? Какой Марк Иваныч? – залепетала становиха, и ее большое лицо вдруг, в один миг[7], залилось[8] алой[9] краской. – Я... не понимаю.

– Спрашиваю вас именем закона[10]! Где Кляузов? Нам все известно!

– Через кого[11]? – спросила тихо становиха, не вынося[12] взгляда Дюковского.

– Извольте указать нам, где он?!

– Но откуда вы узнали[13]? Кто вам рассказал?

– Нам все известно-с! Я требую[14] именем закона!

Следователь, ободренный[15] замешательством становихи, подошел к ней и сказал:

– Укажите[16] нам, и мы уйдем. Иначе же мы...

– На что он вам?

– К чему[17] эти вопросы, сударыня? Мы вас просим указать! Вы дрожите, смущены...

---

1. **подходи́ть (хожу́, дишь)/подойти́ (иду́, дёшь) к** + dat.: **s'approcher de;** подходя́ est un gérondif présent; подойди́те бли́же, я пло́хо слы́шу, *approchez, j'entends mal.*
2. **мо́рщить/намо́рщить:** *froncer;* морщи́на, *ride.*
3. **для того́, что́бы:** *afin de.*
4. Notez la construction de заезжать/заехать к + dat.
5. **зате́м, что́бы:** *dans le but de,* cf. note 3.
6. **ми́лостивый:** *miséricordieux;* de ми́лость(-и), *bienveillance, pitié;* сде́лайте ми́лость, *soyez assez bon;* ми́лости про́сим, *veuillez entrer* (formule d'hospitalité).
7. **в оди́н миг:** *en un instant,* notez l'emploi de в + acc.
8. **залива́ться/зали́ться (льюсь, льёшься) кра́ской:** *se colorer;* кра́ска est à l'instr.
9. **а́лый:** *rouge* vif, *écarlate;* а́лая кровь, *sang vermeil.*
10. **и́менем зако́на:** *au nom de la loi;* и́мя est à l'instr.

– Oui, un ressort…, commença Dioukovski en approchant de la femme du commissaire et en fronçant son long nez. Nous ne sommes pas venus… heu… déjeuner ni voir Evgraf Kouzmitch. Nous sommes ici afin de vous demander, chère madame, où se trouve Marc Ivanovitch que vous avez tué.

– Quoi? Quel Marc Ivanovitch? balbutia la femme du commissaire tandis que son visage prenait soudain une teinte pourpre. Je… ne comprends pas.

– Je vous le demande au nom de la loi! Où est Kliaouzov? Nous savons tout!

– Et par qui? demanda doucement la commissaire, incapable de soutenir le regard de Dioukovski.

– Veuillez nous indiquer où il se trouve?!

– Mais comment l'avez-vous appris? Qui vous l'a dit?

– Nous savons tout! Je l'exige au nom de la loi!

Le juge, encouragé par la confusion de la commissaire, s'approcha d'elle et dit:

– Montrez-le nous et nous partirons. Sans quoi, nous…

– Mais qu'en avez-vous à faire?

– A quoi bon ces questions, madame? Nous vous prions de nous le montrer. Vous tremblez, vous êtes confuse…

---

11. **чéрез когó:** notez ce sens de чéрез, *par l'intermédiaire de;* я узнáл э́то чéрез трéтье лицó, *j'ai appris cela par une tierce personne.*
12. **вынося́:** gérondif présent de выноси́ть (ношу́, сишь) / вынести́ (несу́, сёшь); notez le gén. de взгляд après не.
13. **откýда вы узнáли:** *d'où avez-vous appris;* le complément d'objet direct est sous-entendu.
14. **трéбовать (бую, уешь)/потрéбовать:** *exiger;* трéбование, *exigence;* трéбовательный: *exigeant;* пýблика трéбует, *le public l'exige.*
15. **обóдренный:** participe passé passif de ободря́ть/обóдрить, *rasséréner, encourager.*
16. **указáть (жý, жешь)/укáзывать:** le complément d'objet est sous-entendu.
17. **к чемý:** *à quoi bon;* все это не к чему, *tout cela ne sert à rien.*

Да, он убит[1] и, если хотите, убит вами! Сообщники[2] выдали вас!

Становиха побледнела.

– Пойдемте, – сказала она тихо, ломая руки[3]. – Он у меня в бане[4] спрятан[5]. Только, ради бога, не говорите мужу[6]! Умоляю вас! Он не вынесет.

Становиха сняла[7] со стены большой ключ и повела[8] своих гостей через кухню и сени во двор[9]. На дворе было темно. Накрапывал[10] мелкий дождь. Становиха пошла вперед. Чубиков и Дюковский зашагали[11] за ней по высокой траве, вдыхая[12] в себя запахи дикой конопля и помоев[13], всхлипывавших[14] под ногами. Двор был большой. Скоро кончились помои, и ноги почувствовали вспаханную[15] землю. В темноте показались силуэты деревьев, а между деревьями – маленький домик с покривившеюся[16] трубой.

– Это баня, – сказала становиха. – Но, умоляю вас, не говорите никому!

Подойдя к бане, Чубиков и Дюковский увидели на дверях огромнейший висячий замок[17].

---

1. **уби́т:** participe passé passif de убива́ть/уби́ть, *tuer*.
2. **сообщники:** *complices, de* о́бщий, *commun;* де́йствовать сообща́, *agir de façon concertée*.
3. **лома́я руки:** лома́я, gérondif présent de лома́ть/слома́ть, *briser;* не лома́йте цветы́, *ne cassez pas les fleurs*.
4. **ба́ни:** (pluriel) petite maison de bois pourvue d'un poêle et de gradins où l'on se lave et prend un bain de vapeur (obtenue en jetant de l'eau froide sur des pierres fortement chauffées). On se fustige en même temps avec un balai de branches de bouleau ou de chêne pour activer la circulation.
5. **спря́тан:** participe passé passif de пря́тать/спря́тать, *cacher*.
6. **не говори́те му́жу:** notez l'omission du complément d'objet direct не говори́! *à qui le dis-tu!*
7. **снима́ть/снять (и́му, и́мешь)** + gén.: *retirer de;* снять с себя́ всё, *se déshabiller entièrement*.
8. **вести́ (ду, дешь)/повести́:** *conduire à pied; conduire en voiture* se dirait: везти́/повезти́.

Oui, il a été assassiné, et si vous voulez le savoir, par vous! Vos complices vous ont trahie!

La femme du commissaire pâlit.

– Allons, dit-elle à voix basse en se tordant les mains. je l'ai caché dans les bains. Mais, au nom du ciel, ne le dites pas à mon mari! Je vous en supplie! Il ne le supporterait pas.

La commissaire prit au mur une grosse clé et conduisit ses hôtes, par la cuisine et l'entrée, jusque dans la cour. Il y faisait sombre. Une pluie fine et rare tombait. L'hôtesse passa devant. Tchoubikov et Dioukovski lui emboîtèrent le pas à travers l'herbe haute, et perçurent une odeur de chanvre sauvage mêlée à celle des eaux usées qui giclaient sous leurs pas. La cour était vaste. Bientôt, l'eau disparut et ils sentirent sous leurs pieds une terre labourée. Dans l'obscurité parurent des silhouettes d'arbres et, entre eux, une maisonnette à la cheminée tordue.

– Ce sont les bains, dit la femme du commissaire. Mais, je vous en supplie, ne le dites à personne.

En approchant des bains, Tchoubikov et Dioukovski aperçurent sur la porte un énorme cadenas.

---

9. **чéрез кýхню во двóр:** *jusqu'à la cour en passant par la cuisine;* пóезд в Москвý чéрез Варшáву, *le train de Moscou via Varsovie.*

10. **накрáпывать:** imperfectif, s'emploie uniquement à la 3ᵉ personne, *tomber goutte à goutte.*

11. **шагáть/зашагáть за** + instr.: *suivre qqun. en marchant;* cf. следи́те за мной, *suivez-moi.*

12. **вдыхáть/вдохнýть (нý, нёшь):** *inspirer;* вдох, *inspiration;* вы́дох, *expiration.*

13. **помóи:** *eaux usées,* de мыть/помы́ть, *laver.*

14. **всхли́пывать/всхли́пнуть:** *sangloter;* всхли́п, *sanglot;* ici l'odeur monte avec les giclements de l'eau.

15. **пахáть (щу, шешь)/вспахáть:** *labourer;* пáхарь, *laboureur.*

16. **покриви́вшегося:** participe passé actif de криви́ться (влю́сь, ви́шься)/покриви́ться, *être tordu.*

17. **вися́чий замóк:** m. à m. *serrure suspendue, cadenas.*

– Приготовьте огарок и спички! – шепнул[1] следователь своему помощнику.

Становиха отперла замок и впустила[2] гостей в баню.

Дюковский чиркнул спичкой и осветил[3] предбанник[4]. Среди предбанника стоял стол. На столе рядом с[5] маленьким толстеньким[6] самоваром[7] стоял супник с остывшими[8] щами и блюдо с[9] остатками какого-то соуса.

– Дальше[10]!

Вошли в следующую комнату, в баню. Там тоже стоял стол. На столе большое блюдо с окороком[11], бутыль с водкой, тарелки, ножи, вилки.

– Но где же… этот? Где убитый? – спросил следователь.

– Он на верхней полочке[12]! – прошептала становиха, все еще бледная и дрожащая[13].

Дюковский взял в руки огарок и полез на верхнюю полку. Там он увидел длинное человеческое тело, лежавшее неподвижно на большой пуховой[14] перине. Тело издавало[15] легкий храп…

– Нас морочат[16], черт возьми! – закричал Дюковский. – Это не он!

---

1. **шепта́ть (пчу́, чешь)/шепну́ть (ну́, нёшь):** *murmurer;* шёпот, *murmure.*

2. **впуска́ть/впусти́ть:** *laisser entrer,* de пуска́ть/пусти́ть (щу́, стишь), même sens ou signifiant simplement *laisser,* renforcé par le préverbe в, *à l'intérieur de;* никого не пуска́йте до моего́ возвраще́ния, *ne laissez entrer personne avant mon retour.*

3. **освеща́ть/осве́тить (щу, тишь):** *éclairer,* иску́сственное освеще́ние, *éclairage artificiel.*

4. **предба́нник:** petite pièce dans les bains servant d'entrée, et où l'on se déshabille.

5. **ря́дом с** + instr.**:** *à côté;* ряд, *rangée,* рядово́й солда́т, *simple soldat.*

6. **то́лстенький:** de то́лстый, *gros,* le diminutif exprime la tendresse et la sympathie envers le samovar.

7. **самова́р:** *samovar;* m. à m. *qui cuit lui-même,* de само́, *soi-même,* et вари́ть, *faire cuire, faire bouillir.*

– Préparez un bout de chandelle et des allumettes! murmura le juge à son assistant.

La commissaire ouvrit le cadenas et fit entrer ses hôtes dans les bains.

Dioukovski frotta une allumette et éclaira l'entrée. Au milieu se dressait une table. Dessus, à côté d'un samovar petit et rondelet, il y avait une soupière contenant de la soupe au chou froide et, dans un plat, les restes d'une sauce.

– Continuons!

Ils pénétrèrent dans la pièce suivante, les bains. Là aussi, il y avait une table. Dessus, un grand plat contenant du jambon à l'os, une bonbonne de vodka, des assiettes, des couteaux, des fourchettes.

– Mais où est donc ce... le mort? demanda le juge.

– Il est sur le gradin supérieur, murmura la femme du commissaire, toujours tremblante et pâle.

Dioukovski prit la chandelle et grimpa jusqu'au gradin supérieur. Il y aperçut un long corps humain allongé, immobile, sur un gros édredon de plumes. Ce corps exhalait un léger ronflement...

– On se moque de nous, par tous les diables! s'écria Dioukovski. Ce n'est pas lui!

---

8. **осты́вшее:** participe passé de стыть (ну, нешь)/осты́ть, *se refroidir;* у меня́ но́ги совсе́м осты́ли, *j'ai les pieds tout froids.*
9. **блю́до с** + instr.**:** *un plat de;* таре́лка с су́пом, *une assiette de soupe.*
10. **да́льше:** comparatif de далеко́.
11. **о́корок:** *jambon à l'os;* cf. ветчина́, *jambon ordinaire.*
12. **ве́рхняя по́лка:** *couchette du haut,* ici *gradin supérieur;* notez la terminaison molle de ве́рхний.
13. **дрожа́щая:** participe présent actif de дрожа́ть/дро́гнуть, *trembler.*
14. **пухо́вый:** de пух, *duvet;* cf. note 1, p. 24.
15. **издава́ть (даю́, ёшь)/изда́ть (да́м):** 1) *émettre* 2) *éditer;* изда́тельство, *édition.*
16. **моро́чить/обморо́чить:** fam., *induire en erreur;* ему моро́чат го́лову, *on le fait marcher.*

Здесь лежит какой-то живой болван. Эй, кто вы, черт вас возьми?

Тело потянуло в себя со свистом[1] воздух и задвигалось. Дюковский толкнул его локтем. Оно подняло вверх руки, потянулось и приподняло[2] голову.

– Кто это лезет? – спросил охрипший[3], тяжелый бас. – Тебе что нужно?

Дюковский поднес[4] к лицу неизвестного огарок и вскрикнул. В багровом носе, взъерошенных[5], нечесанных[6] волосах, в черных, как смоль, усах, из которых[7] один был ухарски закручен[8] и с нахальством[9] глядел вверх на потолок, он узнал корнета Кляузова.

– Вы... Марк... Иваныч?! Не может быть!

Следователь взглянул наверх и замер[10]...

– Это я, да... А это вы, Дюковский! Какого дьявола[11] вам здесь нужно? А там, внизу, что еще за рожа[12]? Батюшки[13], следователь! Какими судьбами[14]?

Кляузов сбежал[15] вниз и обнял[16] Чубикова. Ольга Петровна шмыгнула в дверь.

– Какими путыями[17]? Выпьем, черт возьми! Тра-та-ти-то-том... Выпьем!

---

1. **свист:** *sifflement;* de свисте́ть/сви́стнуть, *siffler*.
2. **приподнима́ть/приподня́ть (ни́му, и́мешь):** *soulever légèrement;* de поднима́ть/подня́ть, *soulever*, et при qui signifie ici *un peu*.
3. **хри́пнуть/охри́пнуть:** *être enroué;* охри́пший, participe passé actif.
4. **подноси́ть (щу́, сишь)/поднести́ (су́, сёшь) к** + dat.: *approcher de;* littéralement *porter vers*.
5. **взъеро́шенных:** participe passé passif de еро́шить/взъеро́шить, *ébouriffer*.
6. **нечёсанных:** *emmêlés, non peignés*, de причёсывать/причеса́ть, *peigner*.
7. **из кото́рых:** m. à m. *desquelles*.
8. **закру́чен:** participe passé passif de крути́ть (чу, тишь)/закрути́ть, *enrouler*.
9. **наха́льство:** *insolence;* наха́л, *insolent personnage, goujat*.

C'est un abruti bien vivant qui est couché là. Eh, qui êtes-vous, par tous les diables!

Avec un sifflement, le corps prit une bouffée d'air et remua. Dioukovski le poussa du coude. Le corps leva les bras, s'étira et redressa la tête.

– Qui donc s'est introduit ici? demanda une voix de basse profonde et enrouée. Qu'est-ce que tu veux?

Dioukovski approcha la chandelle du visage de l'inconnu et poussa une exclamation. Dans ce visage au nez pourpre, aux cheveux en bataille, emmêlés, aux moustaches noires comme suie dont l'une était crânement retroussée et regardait insolemment là-haut, vers le plafond, il avait reconnu le cornette Kliaouzov.

– Vous êtes… Marc… Ivanovitch?! Ce n'est pas possible!

Le juge regarda là-haut et se figea…

– C'est moi, oui… C'est vous, Dioukovski? Que diable venez-vous chercher ici? Et là, en bas, quelle est cette trogne? Seigneur, le juge! Par quel hasard?

Kliaouzov descendit en courant et étreignit Tchoubikov. Olga Pétrovna fila par la porte.

– Comment se fait-il? Buvons, par tous les diables! Tra-ta-ti-to-tom… Buvons!

---

10. **замирáть/замерéть (мрý, мрёшь):** *se figer,* cf. умирáть/умерéть (рý, рёшь), *mourir.*

11. **дья́вол;** syn. de чёрт, *diable,* le premier étant de racine latine, le second de racine slave; какóго дья́вола вам здесь нýжно, m. à m. *que diable vous faut-il ici?*

12. **рóжа:** fam. *trogne;* cf. лицó, *visage.*

13. **бáтюшки:** littéralement, *petits pères;* бáтюшки! когó я ви́жу? *qui vois-je, seigneur!*

14. **каки́ми судьбáми:** *par quel hasard* (m. à m. *par quels destins*).

15. **сбéгать/сбежáть (гý, жи́шь):** l'idée de descendre est donnée 1) par le préverbe с, 2) par l'adverbe вниз.

16. **обнимáть/обня́ть (ни́му, ни́мешь):** *étreindre.*

17. **каки́ми путья́ми:** m. à m. *par quels chemins,* syn. каки́ми судьбáми, cf. note 14.

Кто вас привел сюда, однако? Откуда вы узнали, что я здесь? Впрочем, все равно! Выпьем!

Кляузов зажег лампу и налил три рюмки водки.

– То есть, я тебя не понимаю, – сказал следователь, разводя[1] руками. – Ты это или не ты?

– Будет тебе... Мораль читать[2] хочешь? Не трудись[3]! Юноша Дюковский, выпивай свою рюмку! Проведемте ж, друзья-я, эту[4]... Чего смотрите? Пейте!

– Все-таки я не могу понять, сказал следователь, машинально выпивая водку. – Зачем ты здесь?

– Почему же мне не быть здесь, ежели[5] мне здесь хорошо?

Кляузов выпил и закусил[6] ветчиной.

– Живу[7] у становихи, как видишь. В глуши, в дебрях, как домовой[8] какой-нибудь. Пей! Жалко[9], брат, мне её стало! Сжалился, ну, и живу здесь, в заброшенной[10] бане, отшельником... Питаюсь[11]. На будущей неделе думаю убраться[12] отсюда... Уж надоело[13]...

– Непостижимо[14]! – сказал Дюковский.

– Что же тут непостижимого?

---

1. **разводи́ть (жу́, дишь)/развести́ (ду́, дёшь):** *séparer;* разво́д, *divorce;* разводи́ть рука́ми, *écarter les bras en un geste d'impuissance.*

2. **мора́ль чита́ть:** *faire la morale.*

3. **труди́ться (жу́сь, дишься):** imperfectif, *travailler; faire des efforts;* труд, *travail;* труд́ящийся, *travailleur.*

4. **проведёмте же, друзья́, э́ту ночь:** chanson russe; *passons amis cette nuit,* проводи́ть (жу́, дишь)/провести́ (ду́, дёшь): 1) *passer;* проводи́ть вре́мя, *passer le temps;* 2) *prendre congé de;* проводи́ть ста́рый год, *dire adieu à l'année finissante* (rite du nouvel an).

5. **е́жели:** ancien pour е́сли.

6. **заку́сывать/закуси́ть (шу́, сишь):** action profondément ancrée dans la tradition russe, et suivant laquelle on accompagne toute boisson forte d'un mets appelé заку́ска.

Qu'est-ce qui vous amène ici, cependant? Comment avez-vous appris que j'étais là? Du reste, c'est égal! Buvons!

Kliaouzov alluma la lampe et remplit trois petits verres de vodka.

– C'est-à-dire, je ne te comprends pas, dit le juge en écartant les bras. Est-ce toi ou non?

– Cela suffit... Tu veux me faire la morale? Ne te donne pas cette peine. Dioukovski, jeune homme, bois ton verre! Passons joyeusement, amis, cette... Qu'avez-vous à me regarder? Buvez!

– Je ne parviens pourtant pas à comprendre, dit le juge en buvant machinalement sa vodka. Que fais-tu ici?

– Et pourquoi ne serais-je pas ici si j'y suis bien?

Kliaouzov but sa vodka et l'accompagna d'un morceau de jambon.

– Je vis chez la commissaire, comme tu vois. Dans un trou, parmi les fourrés, comme un esprit du foyer. Bois! J'ai eu pitié d'elle, vieux frère. Je me suis apitoyé, et je vis là, à présent, dans ces bains perdus, en ermite... Je suis bien nourri. Je pense filer d'ici la semaine prochaine... J'en ai vraiment assez...

– C'est inimaginable, dit Dioukovski.

– Qu'y a-t-il là d'inimaginable?

---

7. **жить (вý, вёшь)/прожи́ть:** *vivre,* ici au sens d'*habiter;* где Вы живёте? *où demeurez-vous?*

8. **домово́й:** *esprit domestique;* la croyance populaire dotait chaque isba d'un esprit bienveillant et espiègle.

9. **жа́лко:** cf. note 9, p. 39.

10. **забро́шенном:** participe passé passif de забра́сывать/забро́сить (шу, сишь), *abandonner;* сад в забро́шенном состо́янии, *le jardin n'est pas entretenu.*

11. **пита́юсь:** littéralement, *je me nourris;* cf. note 11, p. 91.

12. **убира́ться/убра́ться (беру́сь, рёшься) из** + gén.: *filer;* убира́йтесь вон! *dehors!*

13. **надоеда́ть/надое́сть (е́м, е́шь):** мне надое́ло, *j'en ai assez.*

14. **непостижи́мо:** *inimaginable,* de постига́ть/пости́гнуть, *comprendre, saisir.*

– Непостижимо! Ради бога[1], как попал[2] ваш сапог в сад?

– Какой сапог?

– Мы нашли один сапог в спальне, а другой в саду.

– А вам для чего[3] это знать? Не ваше дело[4]... Да пейте же, черт вас возьми. Разбудили, так пейте! Интересная история, братец, с этим сапогом. Я не хотел идти к Оле. Не в духе[5], знаешь, был, под шефе... Она приходит под окно и начинает ругаться... Знаешь, как бабы... вообще... Я, спьяна, возьми да и пусти[6] в нее сапогом... Ха-ха... Не ругайся, мол[7]. Она влезла в окно, зажгла лампу, да и давай[8] меня мутузить пьяного. Вздула[9], приволокла[10] сюда и заперла. Питаюсь[11] теперь... Любовь, водка и закуска! Но куда вы? Чубиков, куда ты?

Следователь плюнул[12] и вышел из бани. За ним, повесив голову[13], вышел Дюковский. Оба молча[14] сели в шарабан и поехали. Никогда в другое время дорога не казалась им такою скучной и длинной, как в этот раз. Оба молчали.

---

1. **ра́ди Бо́га:** m. à m. *au nom de Dieu;* ра́ди са́мого свято́го, *au nom de ce qu'il y a de plus sacré.*

2. **попада́ть/попа́сть (ду́, дёшь):** *se trouver par hasard;* как вы сюда́ попа́ли? *que venez-vous faire ici?* попасть в лову́щку, *tomber dans un piège.*

3. **для чего́:** *pour quoi faire;* для чего вам э́тот чемода́н? *à quoi vous sert cette valise?*

4. **не ва́ше де́ло:** *ce n'est pas votre affaire;* где вы де́ньги найдёте, э́то ва́ше де́ло, *où vous prendrez l'argent, c'est votre affaire.*

5. **не в ду́хе:** m. à m. *pas en humeur,* syn. не в настрое́нии, *de mauvaise humeur.*

6. **возьми́ да и пусти́:** pour la construction, cf. note 7, p. 42.

7. **не руга́йся мол:** m. à m. *pour dire: ne m'invective pas.*

8. **дава́й:** indique que la jeune dame y va de bon cœur; муту́зить, (fam.) *battre* cf. note 9.

– Inimaginable! Au nom du ciel, comment votre botte s'est-elle trouvée dans le jardin?

– Quelle botte?

– Nous avons trouvé une de vos bottes dans la chambre, l'autre dans le jardin.

– Et pourquoi voulez-vous le savoir? Ce n'est pas votre affaire... Mais buvez, le diable vous emporte! Vous m'avez réveillé, alors buvez! C'est une histoire intéressante, vieux frère, que celle de cette botte. Je ne voulais pas aller chez Olia. Je n'étais pas de bonne humeur, j'étais gris... Elle est venue sous ma fenêtre et s'est mise à m'invectiver... Tu sais comme sont les femmes... en général... Moi, comme j'étais ivre, je lui ai jeté ma botte... Ha, ha, ha... Pour lui clore le bec. Elle est entrée par la fenêtre, a allumé la lampe et s'est mise à me taper dessus, tout ivre que j'étais. Elle m'a rossé, traîné jusqu'ici et enfermé. Je me nourris à présent... De l'amour, de la vodka et de quoi manger! Mais où allez-vous? Tchoubikov, où vas-tu?

Le juge cracha et sortit des bains. Dioukovski le suivit, tête basse. Tous deux montèrent en silence dans leur voiture et repartirent. Jamais auparavant la route ne leur avait paru aussi ennuyeuse et longue que cette fois-là. Tous deux étaient silencieux.

---

9. **вздýть (ну, нешь):** populaire, *battre,* syn. избúть, отколóтить; cf. note 8.

10. **приволáкивать/приволóчь (ку, чешь):** *amener en traînant.*

11. **питáться:** imperfectif + instr., *se nourrir de;* обезья́ны питáются фрýктами, *les singes se nourrissent de fruits;* питáние, *nourriture.*

12. **плевáть (юю, ёшь)/наплевáть:** *cracher;* мне на все э́то наплевáть, *je me moque bien de tout cela.*

13. **повéсив:** gérondif passé de вéшать/повéсить (шу, сишь), *suspendre;* вéшать картúну, *accrocher un tableau;* повéсить гóлову, *baisser la tête.*

14. **мóлча:** gérondif présent de молчáть (чý, чúшь)/промолчáть, à valeur d'adverbe, *en silence;* дéйствовать мóлча! *agissez en silence!*

Чубиков всю дорогу[1] дрожал от злости, Дюковский прятал свое лицо в воротник, точно боялся, чтобы темнота и моросивший[2] дождь не прочли стыда на его лице.

Приехав домой, следователь застал[3] у себя доктора Тютюева. Доктор сидел за столом и, глубоко вздыхая, перелистывал[4] «Ниву»[5].

– Дела-то какие на белом свете[6]! – сказал он, встречая следователя с грустной улыбкой. – Опять Австрия того[7]!.. И Гладстон тоже некоторым образом[8]...

Чубиков бросил под стол шляпу и затрясся.

– Скелет чертов! Не лезь ко мне[9]! Тысячу раз говорил я тебе, чтобы ты не лез ко мне со своею политикой! Не до[10] политики тут! А тебе, – обратился Чубиков к Дюковскому, потрясая[11] кулаком, – а тебе... во веки веков[12] не забуду!

– Но... шведская спичка ведь! Мог ли я знать!

– Подавись[13] своей спичкой! Уйди и не раздражай[14], а то я из тебя[15] черт знает что сделаю! Чтобы и ноги твоей не было[16]!

---

1. **всю́ доро́гу:** acc. de durée, *tout le chemin* (ici), par extension (fam.) *tout le temps;* он всю́ доро́гу руга́ется, *il n'arrête pas de jurer.*
2. **моро́сивший:** participe passé actif de мороси́ть, *tomber en pluie fine;* мороси́т, *il bruine.*
3. **застава́ть/заста́ть:** cf. note 10, p. 75.
4. **перели́стывать/перелиста́ть:** *feuilleter.*
5. **Нива́:** *La Glèbe,* revue hebdomadaire illustrée de la Russie tsariste.
6. **на бе́лом све́те:** *dans le vaste monde* (m. à m. *dans le monde blanc*)
7. **того́:** 1) *comme ça* 2) *fou, cinglé;* он – того, *il est cinglé.*
8. **не́которым о́бразом:** *d'une certaine manière;* таки́м о́бразом, *ainsi.*
9. **не ле́зь ко мне с** + instr.: *laisse-moi tranquille avec* (m. à m. *ne viens pas vers moi*); cf. note 3, p. 26.

Tchoubikov trembla de rage tout le chemin, et Dioukovski cachait son visage dans son col comme s'il craignait que l'ombre et la pluie fine n'y lisent la honte.

Arrivé chez lui, le juge y trouva le docteur Tioutiouïev. Celui-ci était assis devant la table et, en soupirant profondément, feuilletait *La Glèbe*.

– Il s'en passe des choses dans le vaste monde! dit-il en accueillant le juge d'un sourire triste. Voilà l'Autriche qui recommence!.. Et Gladstone aussi, en quelque sorte...

Tchoubikov jeta son chapeau sous la table et fut repris d'un tremblement.

– Laisse-moi tranquille, squelette du diable! Je t'ai déjà dit mille fois de me laisser en paix avec ta politique. Il est bien question de politique ici! Et toi, dit Tchoubikov en s'adressant à Dioukovski et en brandissant le poing, et toi... jamais je ne te le pardonnerai, de toute l'éternité!

– Mais... L'allumette suédoise, pourtant! Pouvais-je savoir!

– Puisse-t-elle t'étrangler, ton allumette! Va-t'en et ne m'irrite pas, sans quoi le diable seul sait ce que je ferai de toi. Que je ne te voie plus ici!

---

10. **не до** + gén.: *il est bien question de;* тут не до щу́ток, *ce n'est pas le moment de plaisanter.*
11. **потрясáя:** gérondif présent de потрясáть/потрести́ (су́, сёшь), *secouer* (au propre et au figuré); я был потрясён, *j'ai été abasourdi.*
12. **во веки́ веко́в:** (biblique) *dans les siècles des siècles;* я тебé этого не забу́ду, m.à m. *je ne t'oublierai pas cela*: *je ne te le pardonnerai pas,* de забывáть/забы́ть (бу́ду, бу́дешь).
13. **подави́сь с** + instr.: (fam.) m.à m. *étrangle-toi; puisse-t-elle t'étrangler, ton allumette!* подави́сь! *ferme-la!*
14. **раздражáть/раздражи́ть:** *irriter;* раздражи́тель(-я), *agent irritant;* раздражи́тельный человек, *homme irritable.*
15. **я из тебя́:** *je ferai de toi...;* я из тебя́ человéка сдéлаю, *je ferai de toi un homme;* mais вот, что они́ со мной сдéлали, *regardez ce qu'ils ont fait de moi* (la construction diffère).
16. **чтóбы ноги́ твоéй (здесь) нé было:** *je ne veux pas te voir ici.*

Дюковский вздохнул, взял шляпу и вышел.

– Пойду запью[1]! – решил он, выйдя за ворота, и побрел[2] печально в трактир.

Становиха, придя[3] из бани домой, нашла мужа в гостиной[4].

– Зачем следователь приезжал? – спросил муж.

– Приезжал сказать, что Кляузова нашли[5]. Вообрази[6], нашли его у чужой[7] жены.

– Эх, Марк Иваныч, Марк Иваныч! – вздохнул становой, поднимая вверх глаза. – Говорил[8] я тебе, что распутство не доводит[9] до добра! Говорил я тебе, – не слушался!

---

1. **пойду́ запью́:** *je veux aller me saouler;* запива́ть/запи́ть (пью́, пьёшь), 1) *aller boire* (et s'enivrer) 2) *accompagner en buvant,* запе́йте табле́тку водо́й, *buvez ce comprimé avec de l'eau.*
2. **брести́ (ду́, дёшь):** *aller avec peine* ou *doucement.*
3. **придя́:** gérondif présent de прийти́ (ду́, дёшь) из + gén., *revenir de.*
4. **гости́ная:** *salon;* de гость(-я), *invité.*
5. **нашли́:** notez la forme passive, *on a trouvé;* друго́го спо́соба ещё не нашли́, *on n'a pas encore trouvé d'autre moyen.*
6. **вообража́ть/вообрази́ть:** *imaginer;* воображе́ние, *imagination;* это он всё вообража́ет, *il fait semblant.*
7. **чужо́й:** *d'une autre, étranger;* я здесь чужо́й, *je ne suis pas d'ici,* с чужи́х слов, *en répétant les paroles de qqun. d'autre;* чужби́на, *l'étranger.*

Dioukovski soupira, prit son chapeau et sortit.

– Je vais aller me soûler, résolut-il en passant le portail et il s'en fut, lentement et tristement, vers la taverne.

En rentrant chez elle des bains, la commissaire trouva son époux au salon.

– Qu'est venu faire le juge? demanda celui-ci.

– Il est venu dire que l'on avait retrouvé Kliaouzov. Tu te rends compte, on l'a trouvé chez la femme d'un autre.

– Eh, Marc Ivanovitch! soupira le commissaire en levant les yeux au ciel. Je t'avais dit et répété que la débauche ne mène à rien de bon! Je te l'avais bien dit mais tu ne m'as pas écouté!

---

8. **говори́л я:** l'ordre des mots insiste sur говори́л, *je te l'avais bien dit.*

9. **доводи́ть/довести́ (ду́, дёшь) до** + gén.: cf. note 1, p. 58, *conduite jusqu'à;* même sens pour le préverbe до et la préposition до + gén.; *conduire à;* он меня́ довёл, *il m'a poussé à bout.*

# СТРАШНАЯ НОЧЬ

# NUIT D'ANGOISSE

Иван Петрович Панихидин[1] побледнел, притушил[2] лампу и начал взволнованным[3] голосом:

– Темная, беспросветная[4] мгла висела над землей, когда я, в ночь под[5] Рождество 1883 года, возвращался к себе домой от ныне умершего друга[6], у которого все мы тогда засиделись[7] на спиритическом сеансе. Переулки, по которым я проходил, почему-то[8] не были освещены, и мне приходилось пробираться[9] почти ощупью[10]. Жил я в Москве, у Успения-на-Могильцах, в доме чиновника Трупова[11], стало быть, в одной из самых глухих местностей Арбата. Мысли мои, когда я шел, были тяжелы, гнетущи[12]...

«Жизнь твоя близится к закату... Кайся...»

Такова была фраза, сказанная[13] мне на сеансе Спинозой, дух которого нам удалось[14] вызвать[15]. Я просил повторить, и блюдечко не только повторило, но еще и прибавило: «Сегодня ночью». Я не верю в спиритизм, но мысль о смерти, даже намек на нее повергают меня в уныние. Смерть, господа, неизбежна, она обыденна, но, тем не менее[16], мысль о ней противна природе человека...

---

1. **Панихи́дин:** formé à partir du mot панихи́да, *office des morts.*

2. **притуши́л:** de **туши́ть (шу́, шишь)/потуши́ть:** *éteindre;* le préverbe при signifie ici *un peu, légèrement.*

3. **взволно́ванным:** participe passé passif de волнова́ть/взволнова́ть, *émouvoir.*

4. **беспросве́тная:** littéralement *sans la moindre lueur;* просве́т, signifie *éclaircie, trouée* (dans les nuages).

5. **ночь под** + acc.: *la nuit de...*

6. **от дру́га:** *de chez un ami;* я возвраща́юсь от него́, *je reviens de chez lui.*

7. **мы засиде́лись:** de заси́живаться/засиде́ться (жу́сь, ди́шься), *nous sommes restés longtemps, plus que prévu.*

8. **почему́-то:** *pour une raison précise mais inconnue.*

9. **пробира́ться/пробра́ться (беру́сь, берёшься):** donne la notion de passage à travers qqch. (ici l'obscurité); проходи́ть (жу́, дишь)/пройти́ (йду́, дёшь), *passer un obstacle, traverser une foule...*

Ivan Pétrovitch Panikhidine pâlit, baissa légèrement la lampe et commença, d'une voix émue:

«Une obscurité profonde et totale recouvrait la terre lorsque, la veille de Noël de l'année 1883, je rentrai de chez un ami aujourd'hui défunt, chez lequel nous nous étions tous attardés à une séance de spiritisme. Les ruelles que je traversais n'étaient pas éclairées, j'ignore pourquoi, et je dus chercher mon chemin presque à tâtons. J'habitais Moscou, la maison du fonctionnaire Troupov rue de l'Assomption-des-Tombeaux, donc l'un des coins les plus déserts de l'Arbat. Mes pensées, en chemin, étaient douloureuses et oppressantes...

"Ta vie approche de son déclin... Repens-toi..."

Telle était la phrase qui m'avait été dite, pendant la séance, par Spinoza dont nous étions parvenus à évoquer l'esprit. Je lui avais demandé de la répéter et la soucoupe non seulement avait répété, mais avait ajouté: "cette nuit". Je ne crois pas au spiritisme, mais l'idée de la mort, fût-ce la moindre allusion à elle, me plonge dans l'abattement. La mort, messieurs, est inévitable, elle est quotidienne, mais l'idée de la mort est néanmoins odieuse à la nature humaine...

---

10. **óщупью:** *à tâtons;* instr. indiquant la manière; de même, босикóм, *pieds nus,* верхóм, *à cheval,* бегóм, *en courant.*
11. **Трýпов:** de труп, *cadavre.*
12. **гнетýщи:** participe passé actif adverbialisé de гнести́ (тý, тёшь), imperfectif, *accabler.*
13. **скáзанная:** participe passé passif de говори́ть/сказать (жý, жешь), *dire;* вышескáзанное, *les mentions ci-dessus.*
14. **нам удалóсь:** *nous avons eu la chance de, nous avons réussi à;* мне удалóсь достáть билéты в Большóй теáтр, *j'ai pu avoir des billets pour le Bolchoï.*
15. **вызывáть/вы́звать (овý, вёшь):** *faire apparaître, susciter, appeler;* вы́звать к начáльнику, *faire comparaître devant le directeur;* э́то лекáрство вызывáет сонли́вость, *ce médicament provoque la somnolence.*
16. **тем не мéнее:** *cependant, toutefois;* тем лýчше, *d'autant mieux;* тем бóлее, что, *d'autant plus que;* бóлее или мéнее, *plus ou moins.*

Теперь же[1], когда меня окутывал[2] непроницаемый[3] холодный мрак и перед глазами неистово кружились дождевые капли, а над головою жалобно стонал[4] ветер, когда я вокруг себя не видел ни одной живой души, не слышал человеческого звука, душу мою наполнял неопределенный и неизъяснимый[5] страх. Я, человек свободный от предрассудков[6], торопился, боясь оглянуться, поглядеть в стороны. Мне казалось, что если я оглянусь[7], то непременно увижу смерть в виде[8] привидения.

Панихидин порывисто вздохнул, выпил воды и продолжал:

– Этот неопределенный, но понятный вам страх не оставил меня и тогда, когда я, взобравшись[9] на четвертый этаж[10] дома Трупова, отпер[11] дверь и вошел в свою комнату. В моем скромном жилище было темно. В печи плакал ветер и, словно просясь в тепло[12], постукивал[13] в дверцу отдушника[14].

«Если верить Спинозе, – улыбнулся я, – то под этот плач[15] сегодня ночью мне придется умереть. Жутко, однако!»

---

1. **же:** particule d'insistance; а как же, *mais bien sûr.*
2. **оку́тывать/оку́тать:** *envelopper;* моро́з снежко́м оку́тывал (chanson du petit sapin) *le gel l'enveloppait de neige.*
3. **непроница́емый:** *opaque,* littéralement *intraversable;* проница́ть/прони́кнуть, *pénétrer, passer à travers;* проница́тельный взгляд, *regard pénétrant.*
4. **стона́ть (ну́, нешь)/простона́ть:** *gémir;* стон, *gémissement.*
5. **неизъясни́мый:** même éthymologie que le français «inexprimable»; de изъясня́ть/изъясни́ть, *tirer au clair.*
6. **я, челове́к свобо́дный от предрассу́дков:** *moi qui suis un homme libre de préjugés;* notez l'emploi de челове́к dans les expressions: я - челове́к ста́рый, *je suis vieux;* я - челове́к энерги́чный, *je suis quelqu'un d'énergique.*
7. **огля́дываться/оглянуться (ну́сь, нешься):** 1) *jeter autour de soi un regard circulaire;* о exprimant l'idée de cercle; 2) *se retourner;* он вышел, не огля́дываясь, *il sortit sans se retourner.*
8. **в ви́де:** *sous forme de;* в ви́де исключе́ния, *à titre d'exception;* в пья́ном ви́де, *en état d'ivresse.*

Et à présent que des ténèbres épaisses et froides m'enveloppaient, que des gouttes de pluie tourbillonnaient sauvagement devant mes yeux et que le vent gémissait plaintivement au-dessus de ma tête, à présent que je ne voyais pas âme qui vive autour de moi, que je n'entendais aucun son humain, mon âme s'emplissait d'une terreur vague et inexpliquée. Moi qui suis un homme sans préjugés, je me hâtais, craignant de me retourner ou de regarder de côté. J'avais l'impression que, si je regardais autour de moi, je verrais nécessairement la mort sous la forme d'un spectre.»

Panikhidine eut un soupir convulsif, but un peu d'eau et poursuivit:

«Cette peur vague que vous comprenez bien ne me quitta point, même lorsque, parvenu au troisième étage de la maison de Troupov, j'ouvris la porte et pénétrai dans ma chambre. Il faisait sombre dans ma modeste demeure. Le vent pleurait dans le poêle et, comme s'il voulait entrer au chaud, frappait à sa porte supérieure.

"Si j'en crois Spinoza, dis-je avec un sourire, je vais devoir mourir cette nuit au son de ces pleurs. Tout de même, c'est sinistre!"

---

9. **взобра́вшись:** gérondif passé de взбира́ться/взобра́ться (беру́сь, рёшься), *se hisser en haut de.*

10. **четвёртый эта́ж:** *troisième étage;* le *rez-de-chaussée* s'appelle: пе́рвый эта́ж; il faut donc, en français, retrancher 1 au nombre d'étages.

11. **отпира́ть/отпере́ть (пру́, прёшь):** *ouvrir une porte fermée à clé* (запира́ть/запере́ть, *fermer à clé*); открыва́ть/откры́ть signifie simplement *ouvrir.*

12. **прося́сь в тепло́:** *demandant à entrer au chaud;* проси́ться в + acc., *demander à entrer dans;* соба́ка про́сится в ко́мнату, *le chien demande à entrer dans la pièce.*

13. **посту́кивал:** de стуча́ть (чу́, чи́шь), *frapper,* indique qu'il frappait de temps à autre, sans régularité.

14. **отду́шник:** petite porte pratiquée au bas de la cheminée du poêle russe, au-dessus de la porte proprement dite.

15. **под э́тот плач:** *au son de ces pleurs;* под му́зыку, *au son de la musique;* notez cet emploi de под + acc.

Я зажет спичку… Неистовый порыв ветра пробежал по кровле дома. Тихий плач обратился в[1] злобный рев. Где-то внизу застучала наполовину сорвавшаяся[2] ставня, а дверца моего отдушника жалобно провизжала[3] о помощи…

«Плохо в такую ночь беспприютнным»[4], – подумал я.

Но не время было предаваться[5] подобным размышлениям. Когда на моей спичке синим огоньком разгоралась сера и я окинул глазами[6] свою комнату, мне представилось[7] зрелище неожиданное[8] и ужасное… Как жаль, что порыв ветра не достиг[9] моей спички! Тогда, быть может, я ничего не увидел бы и волосы мои не стали бы дыбом[10]. Я вскрикнул, сделал шаг к двери и, полный ужаса, отчаяния, изумления, закрыл глаза…

Посреди комнаты[11] стоял гроб.

Синий огонек горел недолго, но я успел различить[12] контуры гроба… Я видел розовый, мерцающий искорками[13], глазет, видел золотой[14], галунный крест на крышке. Есть вещи, господа, которые запечатлеваются в вашей памяти, несмотря даже на то, что[15] вы видели их одно только мгновение.

---

1. **обраща́ться/обрати́ться (щу́сь, ти́шься) в** + acc.: *se transformer en;* злой колду́н обрати́л царе́вича в со́кола, *un méchant sorcier avait transformé* (ou transforma) *le prince en faucon;* syn. превраща́ться/правврати́ться в + acc.
2. **сорва́вшаяся:** participe passé actif de срыба́ться/сорва́ться (ву́сь, вёшься), *être arraché.*
3. **визжа́ть (жу́, жи́шь)/провизжа́ть:** *piauler, glapir;* визг, *cri aigu.*
4. **бесприю́тный:** *sans-abri;* де́тский прию́т, *home d'enfants.*
5. **предава́ться/преда́ться (да́мся, да́шься/:** *s'adonner à* 2) *se dévouer à;* пре́данный челове́к, *une personne dévouée.*
6. **оки́нул глаза́ми:** *parcourus du regard;* même sens circulaire du préverbe o dans осма́триваться/осмотре́ться.
7. **мне предста́вилось:** forme impersonnelle, cf. мне ка́жется, *j'ai l'impression.*
8. **неожи́данное:** de ожидать, impertectif, *attendre.*

J'allumai une allumette… Une violente rafale de vent passa sur le toit de la maison. Les pleurs modérés devinrent des hurlements mauvais. Quelque part, en bas, un volet à demi arraché battit et la porte du poêle glapit plaintivement pour demander de l'aide…

«Il fait mauvais par une nuit pareille pour les sans-abri", songeai-je. Mais ce n'était pas le moment de m'adonner à de pareilles réflexions. Lorsque, sur mon allumette, le soufre brûla en une flamme bleue et que je lançai un regard circulaire dans ma chambre, un spectacle inattendu et terrifiant m'apparut… Quel dommage que la rafale de vent n'ait point atteint mon allumette! Peut-être alors n'aurais-je rien vu et mes cheveux ne se seraient-ils point dressés sur ma tête. Je poussai un cri, fis un pas vers la porte et, en proie à la terreur, au désespoir, à la stupéfaction, je fermai les yeux…

Au milieu de la pièce, il y avait un cercueil.

La petite lumière bleue n'avait pas brûlé longtemps, mais j'avais eu le temps de distinguer la forme du cercueil… J'en avais vu le brocart glacé rose et scintillant et la croix en galon doré sur le couvercle. Il est, messieurs, des choses qui s'inscrivent dans votre mémoire bien que vous ne les ayez vues qu'un instant.

---

9. **достига́ть/дости́гнуть (ну, нешь)** + gén.: *atteindre;* вода́ достига́ет крити́ческого у́ровня, *l'eau atteint un niveau critique.*
10. **не ста́ли бы ды́бом:** *ne se seraient pas dressés sur ma tête;* ло́шадь вста́ла ды́бом, *le cheval s'est cabré.*
11. **посреди́ ко́мнаты:** syn. посереди́не ко́мнаты, *au milieu de la pièce;* посереди́не но́чи, *au milieu de la nuit.*
12. **различа́ть/различи́ть:** *distinguer;* syn. отлича́ть/отличи́ть.
13. **мерца́ющий и́скорками:** m. à m. *scintillant d'étincelles.*
14. **золото́й:** *en or;* ici, *doré* (золоти́стый); зо́лото, *or.*
15. **несмотря́ да́же на то, что:** несмотря́ на: *bien que,* est renforcé par да́же, *même.*

Так и этот гроб. Я видел его одну только секунду, но помню во всех малейших чертах[1]. Это был гроб для человека среднего роста и, судя по[2] розовому цвету, для молодой девушки. Дорогой глазет, ножки, бронзовые ручки – всё говорило за то[3], что покойник был богат.

Опрометью выбежал я из своей комнаты и, не рассуждая, не мысля, а только чувствуя невыразимый страх, понесся вниз[4] по лестнице. В коридоре и на лестнице было темно, ноги мои путались в полах шубы, и как я не слетел и не сломал себе шеи – это удивительно[5]. Очутившись на улице[6], я прислонился к мокрому фонарному столбу и начал себя успокаивать[7]. Сердце мое страшно билось, дыхание сперло...

Одна из слушательниц припустила[8] огня в лампе, придвинулась ближе к[9] рассказчику, и последний продолжал:

– Я не удивился бы, если бы застал[10] в своей комнате пожар, вора, бешеную[11] собаку... Я не удивился бы, если бы обвалился[12] потолок, провалился пол, попадали стены... Всё это естественно и понятно. Но как мог попасть[13] в мою комнату гроб? Откуда он взялся[14]?

---

1. **во всех малéйших чертáх:** *dans les plus petits détails;* superlatif de мáлый, *petit;* чертá, *trait;* отличи́тельная чертá, *signe distinctif.*

2. **судя́ по** + dat.: *à en juger par;* судя́ по всемý, *à ce qu'il semble.*

3. **говори́ло за то, что:** *témoignait de ce que;* autre forme plus courante, говори́ло о тóм, что.

4. **понёсся вни́з:** *je descendis en trombe,* de носи́ться / (шýсь, сишься)/нести́сь (сýсь, ёшься)/понести́сь; кудá несётесь? *où courez-vous ainsi?*

5. **как я не слетéл и не сломáл себé шéи - это удиви́тельно:** m. à m. *comment je ne suis pas tombé ni ne me suis rompu le cou, c'est étonnant.*

6. **очути́вшись на ýлице:** *en me retrouvant dans la rue,* как вы здесь очути́лись? *que faites-vous ici?*

Ainsi ce cercueil. Je ne l'ai vu qu'une seconde, mais je m'en souviens dans les moindres détails. C'était un cercueil fait pour une personne de taille moyenne, à en juger par sa couleur, une jeune fille. Le brocart coûteux, les pieds, les poignées de bronze, tout indiquait que le défunt était riche.

Je m'enfuis de ma chambre en trombe et, sans réfléchir, sans penser, en proie seulement à une terreur indicible, je dévalai l'escalier. Il faisait sombre dans le couloir et l'escalier, mes pieds s'emmêlaient dans les pans de ma pelisse et je m'étonne de ne pas m'être rompu le cou en tombant. En arrivant dans la rue, je m'appuyai à un réverbère mouillé et entrepris de me calmer. Mon cœur battait à tout rompre, j'avais la respiration coupée...»

L'une des auditrices remonta un peu la flamme de la lampe, se rapprocha du conteur et celui-ci poursuivit:

«Je n'aurais pas été étonné de trouver dans ma chambre un incendie, un voleur, un chien enragé... Je n'aurais pas été étonné si le plafond s'était effondré, le plancher affaissé, si les murs s'étaient écroulés... Tout cela est naturel et compréhensible. Mais comment ce cercueil avait-il pu venir dans ma chambre? D'où sortait-il?

---

7. **успокáивать/успокóить:** *calmer,* de покóй, *repos;* вéчный покóй, *repos éternel;* покóйник, *défunt.*
8. **припускáть/припустúть (щý, стишь):** *faire passer un peu plus;* припустúла огнЯ́, *elle fit monter un peu la flamme.*
9. **блúже к** + dat.: notez la construction de блúже; блúже к вéчеру, *vers le soir.*
10. **заставáть/застáть:** cf. note 10, p. 75.
11. **бéшеный:** *enragé;* бéшенство, *rage;* бесúться/взбесúться, *être enragé;* бес, *démon.*
12. **обвáливаться/обвалúться:** *s'effondrer par petits morceaux,* cf. свáливаться/свалúться, *s'effondrer d'un coup;* провáливаться/провалúться, *disparaître en tombant dans un trou;* он как-бýдто сквозь зéмлю провалúлся, *on dirait qu'il est rentré sous terre.*
13. **попадáть/попáсть (дý, дёшь):** *arriver par hasard,* cf. note 2, p. 90.
14. **откýда он взЯ́лся?:** *d'où sortait-il?* откýда взЯ́лся э́тот дурáк? *d'où sort cet imbécile?*

Дорогой, женский, сделанный, очевидно, для молодой аристократки, – как мог он попасть в убогую[1] комнату мелкого чиновника? Пуст он или внутри его – труп? Кто же *она*, эта безвременно[2] покончившая с жизнью богачка, нанесшая мне такой странный и страшный визит? Мучительная тайна!

«Если здесь не чудо, то преступление», – блеснуло в моей голове.

Я терялся в догадках[3]. Дверь во время моего отсутствия была заперта и место, где находился ключ, было известно[4] только моим очень близким друзьям. Не друзья же[5] поставили мне гроб. Можно было также предположить, что гроб был принесен ко мне гробовщиками[6] по ошибке[7]. Они могли обознаться, ошибиться этажом или дверью[8] и внести гроб не туда, куда следует[9]. Но кому не известно[10], что наши гробовщики не выйдут из комнаты, прежде чем не получат за работу[11] или, по крайней мере, на чай[12]?

«Духи предсказали[13] мне смерть, – думал я. – Не они ли уже постарались кстати[14] снабдить[15] меня и гробом?»

---

1. **убóгий:** 1) *misérable* (ici) 2) *faible;* дом пострóен убóго; *la maison est construite n'importe comment.*
2. **безврéменно:** syn. ici преждеврéменно, *prématurément.*
3. **догáдки:** *conjectures, suppositions;* догáдываться/догадáться, *deviner;* терЯ́ться/потерЯ́ться, *se perdre;* не терЯ́йтесь! *ne perdez pas pied!*
4. **извéстно:** se construit avec le datif; это никомý не извéстно, *cela, personne ne le sait.*
5. **не друзья́ же:** *ce n'étaient pourtant pas mes amis qui,* notez le rôle d'insistance de la particule же; иди сейчáс же! *viens ici tout de suite!*
6. **гробовщи́к:** *fabricant-livreur de cercueils.*
7. **по оши́бке:** *par erreur;* по глýпости, *par bêtise;* по мóлодости, *du fait de sa* (ma, ta) *jeunesse.*
8. **ошиби́ться этажóм или двéрью:** *se tromper d'étage ou de porte;* notez la construction de ошибáться/ошиби́ться (ýсь, ёшься) + instr.

C'était un cercueil coûteux, de femme, fabriqué, manifestement, pour une jeune aristocrate, que venait-il faire dans la chambre misérable d'un petit fonctionnaire? Etait-il vide ou y avait-il un cadavre à l'intérieur? Qui était-elle, cette jeune demoiselle riche qui avait quitté la vie prématurément, en me faisant cette visite étrange et terrible? Douloureux mystère!

"Si ce n'est pas là un prodige, c'est un crime", telle fut la pensée qui me traversa la tête.

Je me perdais en conjectures. La porte était restée fermée durant mon absence et l'emplacement de la clé n'était connu que de mes amis très intimes. Or ce n'étaient pas des amis qui avaient placé chez moi ce cercueil. L'on pouvait également supposer que celui-ci m'avait été apporté par erreur par des fabricants de cercueils. Ils avaient pu confondre, se tromper d'étage ou de porte et livrer le cercueil à une mauvaise destination. Mais nul n'ignore que les fabricants de chez nous, en livrant un cercueil, ne quitteront jamais les lieux avant d'avoir été payés pour leur travail ou, du moins, gratifiés d'un pourboire.

"Les esprits m'ont prédit la mort, songeai-je. Ne serait-ce point eux qui auraient pris soin également de me pourvoir à temps d'un cercueil?"

---

9. **не туда́, куда́ сле́дует:** m. à m. *pas là où il fallait;* il n'y a pas de concordance des temps en russe; сле́дует (de сле́довать (ую, уешь) est au présent.
10. **кому́ не изве́стно:** m. à m. *qui ne sait pas.*
11. **получи́ть за рабо́ту:** *recevoir le prix de son travail;* за signifie ici *en contrepartie de,* mais:
12. **получи́ть на чай:** *recevoir un pourboire* (m. à m. *pour du thé*).
13. **предска́зывать/предсказа́ть (жу́, жешь):** *prédire,* même éthymologie qu'en français.
14. **кста́ти:** *à propos;* вы пришли́ о́чень кста́ти, *vous arrivez fort à propos,* ≠ некста́ти.
15. **снабжа́ть/снабди́ть (жу́, ди́шь)** + instr.; *approvisionner en.*

Я, господа, не верю и не верил в спиритизм, но такое совпадение[1] может повергнуть в мистическое настроение даже философа.

«Но всё это глупо, и я труслив, как школьник, – решил я. – То был оптический обман – и больше ничего! Идя домой, я был так мрачно настроен[2], что не мудрено, если[3] мои больные нервы увидели гроб… Конечно, оптический обман! Что же другое?»

Дождь хлестал меня по лицу, а ветер сердито трепал мои полы, шапку… Я озяб и страшно промок[4]. Нужно было идти, но… куда? Воротиться к себе[5] – значило бы подвергнуть себя риску[6] увидеть гроб еще раз, а это зрелище[7] было выше моих сил. Я, не видевший[8] вокруг себя ни одной живой души, не слышавший ни одного человеческого звука, оставшись[9] один, наедине с[10] гробом, в котором, быть может, лежало мертвое тело[11], мог бы лишиться рассудка. Оставаться же на улице под проливным дождем и в холоде было невозможно.

Я порешил отправиться ночевать к другу моему Упокоеву[12], впоследствии, как вам известно, застрелившемуся[13]. Жил он в меблированных комнатах купца Черепова, что[14] в Мертвом переулке.

---

1. **совпадéние:** *coïncidence,* совпадáть/совпáсть (дý, дёшь), *coïncider.*
2. **мрáчно настрóен:** *d'humeur sombre;* настрóить роя́ль, *accorder un piano.*
3. **не мудренó, éсли:** (fam.) ou не мудренó, что: *rien d'étonnant à ce que;* мудрёный, *bïzarre, compliqué.*
4. **я промóк:** *je suis trempé;* de промокáть/промóкнуть (ну, нешь); про donne l'idée de traverser; notez я промóк наскв́озь, *je suis trempé jusqu'aux os.*
5. **воротúться (чусь, тишься) к себé:** fam. pour вернýться (нýсь, нёшься) к себé, *rentrer chez soi.*
6. **подвергáть/подвéргнуть (ну, нешь) себя́ рúску:** *courir le risque de;* подвергáться опаснóсти, *courir un danger.*
7. **зрéлище:** *spectacle;* хлéба да зрéлище, *du pain et des jeux.*

Messieurs, je ne crois point au spiritisme et n'y ai jamais cru. Mais unc telle coïncidence peut inspirer une humeur mystique même à un philosophe.

"Enfin, tout cela est stupide et je suis froussard comme un écolier", conclus-je. C'était une illusion d'optique et rien de plus! En rentrant chez moi, j'étais d'humeur si lugubre qu'il n'y a rien d'étonnant à ce que mes nerfs malades aient vu un cercueil... C'est une illusion d'optique, naturellement, quoi d'autre?

La pluie me fouettait le visage, le vent agitait avec colère les pans de ma pelisse et mon bonnet de fourrure... J'étais transi et affreusement mouillé. Il me fallait aller quelque part, mais... où? Rentrer chez moi aurait signifié courir le risque de revoir encore une fois le cercueil, et ce spectacle était au-dessus de mes forces. Sans avoir autour de moi âme qui vive, sans entendre aucune voix humaine, seul avec un cercueil dans lequel il y avait peut-être un corps sans vie, je risquais de perdre la raison.

Mais je ne pouvais pourtant demeurer dans la rue sous cette pluie diluvienne et dans ce froid.

Je décidai d'aller passer la nuit chez mon ami Oupokoev qui s'est tué d'une balle par la suite, comme vous le savez. Il occupait un meublé chez le marchand Tchérépov, ruelle du Trépas.»

---

8. **видéвший:** participe passé actif de вúдеть (жу, дишь)/ увúдеть, *voir*.
9. **остáвшись:** gérondif passé de оставáться (аю́сь, ёшься)/ остáться (нусь, нешься), *rester;* остáвшиеся, *ceux qui restent.*
10. **наединé с** + instr.: *seul avec;* кáждый наединé со своей сóвестью, *chacun est seul avec sa conscience.*
11. **тéло:** *corps, cadavre* (ici); твёрдое тéло, *corps solide* (physique); натéльная рубáшка, *chemise de corps.*
12. **Упокóев:** formé sur упокóй (душú), *prière pour le repos d'une âme.*
13. **застрелúться:** perfectif, *se tuer avec une arme à feu;* застрелúть, *abattre;* хоть застрелúсь, (fam.) *il y a de quoi se flinguer.*
14. **что:** pour котóрые.

Панихидин вытер[1] холодный пот, выступивший[2] на его бледном лице, и, тяжело вздохнув[3], продолжал:

– Дома я своего друга не застал. Постучавшись к нему в дверь и убедившись, что его нет дома, я нащупал на перекладине ключ, отпер дверь и вошел. Я сбросил с себя[4] на пол мокрую шубу и, нащупав в темноте диван, сел отдохнуть. Было темно… В оконной вентиляции тоскливо жужжал ветер. В печи монотонно[5] насвистывал свою однообразную песню сверчок. В Кремле ударили к рождественской заутрене. Я поспешил зажечь спичку[6]. Но свет не избавил[7] меня от мрачного настроения, а напротив[8]. Страшный, невыразимый ужас овладел[9] мною вновь… Я вскрикнул, пошатнулся и, не чувствуя[10] себя, выбежал из номера[11]…

В комнате товарища[12] я увидел то же, что и у себя[13], – гроб!

Гроб товарища был почти вдвое больше[14] моего, и коричневая обивка придавала[15] ему какой-то особенно мрачный колорит[16]. Как он попал сюда?

---

1. **вытира́ть/вытере́ть (тру, трешь):** *essuyer.*
2. **выступа́ть/вы́ступить (плю, пишь):** 1) *apparaître en sortant, dépasser* (ici) 2) *prendre la parole;* выступле́ние, *discours.*
3. **вздохну́в:** gérondif passé de вздыха́ть/вздохну́ть (ну́, нёшь), *soupirer.*
4. **сбра́сывать/сбро́сить с себя:** *ôter, enlever;* я сбро́сил 5 килогра́ммов, *j'ai perdu cinq kilos.*
5. **моното́нно** et **однообра́зно** ont le même sens et la même éthymologie, l'une latine, l'autre slave, mais тон représente le son et о́браз, l'image; cf. одното́нно, *monocorde.*
6. **я поспеши́л зажéчь спи́чку:** *je me hâtai d'allumer une allumette;* on pourrait dire aussi: я поспе́шно зажёг спи́чку, *j'allumai précipitamment une allumette.*
7. **избавля́ть/изба́вить (влю, вишь)** + gén.: *débarrasser de;* изба́вьте меня́ от его́ прису́тствия! *débarrassez-moi de sa présence!;* они́ от него́ изба́вились, *ils se sont débarrassés de lui.*
8. **напро́тив:** 1) *au contraire,* syn. наоборо́т 2) *en face.*

Panikhidine essuya la sueur froide qui perlait à son front blême et poursuivit, après un profond soupir:

«Je ne trouvai pas mon ami chez lui. Après avoir frappé à sa porte et constaté qu'il n'y était pas, je trouvai à tâtons sa clé sur le linteau, ouvris la porte et entrai. Je retirai et jetai sur le sol ma pelisse mouillée puis, trouvant le canapé dans le noir, je m'assis pour me reposer. Il faisait sombre... Le vent bourdonnait mélancoliquement dans le vasistas. Un grillon sifflait dans le poêle la même et éternelle chanson monotone. L'office de Noël sonna au Kremlin. Je me hâtai d'allumer une allumette. Mais la lumière ne dissipa point mon humeur morose, au contraire. Une terreur affreuse et indicible m'envahit à nouveau... Je poussai un cri, vacillai et, hors de moi, quittai la pièce en courant.

Dans la chambre de mon camarade, j'avais entrevu la même chose que chez moi, un cercueil!

Celui de mon camarade était presque deux fois plus grand que le mien, et son capitonnage marron lui donnait un coloris particulièrement austère. Comment se trouvait-il ici?

---

9. **владе́ть (е́ю, е́ешь)/овладе́ть** + instr.: *envahir* (l'objet envahi est à l'instr.); им овладе́ла я́рость, *la colère s'empara de lui;* владе́ть собо́й, *être maître de soi.*

10. **чу́вствуя:** gérondif présent de чу́вствовать (ую, уешь)/ почу́вствовать, *sentir.*

11. **но́мер:** *chambre d'hôtel,* littéralement *numéro.*

12. **в ко́мнате това́рища:** *dans la chambre de mon camarade,* le possessif est sous-entendu.

13. **то же, что и у себя́:** notez l'accumulation des particules de renforcement же et и.

14. **вдвое бо́льше:** *deux fois plus grand;* втро́е ме́ньше, *trois fois plus petit.*

15. **придава́ть (ю́, ёшь) / прида́ть (да́м, да́шь):** *ajouter, conférer,* le préverbe при signifie ici *en plus.*

16. **како́й-то мра́чный колори́т:** *une connotation sinistre;* la nuance est sensible mais difficile à définir; cf. како́й - нибу́дь мра́чный колори́т, *une éventuelle connotation lugubre.*

Что это был оптический обман – сомневаться уже было невозможно... Не мог же в каждой комнате быть гроб! Очевидно, то была болезнь моих нервов, была галлюцинация[1]. Куда бы я ни пошел теперь, я всюду увидел бы перед собой страшное жилище[2] смерти. Стало быть, я сходил с ума[3], заболевал чем-то вроде «гробомании»[4], и причину умопомешательства[5] искать было недолго: стоило только вспомнить[6] спиритический сеанс и слова Спинозы...

«Я схожу с ума! – подумал я в ужасе, хватая себя за голову[7], – Боже мой! Что же делать?!»

Голова моя трещала[8], ноги подкашивались[9]... Дождь лил, как из ведра[10], ветер пронизывал насквозь[11], а на мне не было ни шубы, ни шапки. Воротиться за ними в номер было невозможно, выше сил моих... Страх крепко сжимал меня в своих холодных объятиях[12]. Волосы мои встали дыбом[13], с лица струился[14] холодный пот, хотя я и верил, что то была галлюцинация.

– Что было делать? – продолжал Панихидин. – Я сходил с ума и рисковал страшно простудиться.

---

1. **галлюцина́ция:** notez la transformation du «h» en «г» lors de la transcription; Га́млет, *Hamlet;* Ви́ктор Гюго́, *Victor Hugo.*
2. **жили́ще:** *habitation, demeure;* жили́щное строи́тельство, *la construction de logements.*
3. **я сходи́л с ума́:** *j'étais en train de devenir fou* (durée) cf. ты с ума́ сошёл! *tu es devenu fou!* (action achevée).
4. **гробома́ния:** néologisme formé de гроб + ма́ния, cf. наркома́ния: *toxicomanie.*
5. **умопомеша́тельство:** (savant) *démence;* syn. сумасше́ствие, *folie;* он помеша́лся, *il a perdu la raison.*
6. **сто́ило то́лько вспо́мнить:** *il suffisait de se rappeler;* сто́ит мне взя́ть зо́нтик, и дождя́ нет, *il suffit que je prenne mon parapluie pour qu'il ne pleuve pas.*
7. **хвата́ть себя́ за́ голову:** *se prendre la tête dans ses mains;* (m. à m. *«se saisir par la tête»*); хвата́ть себя́ за во́лосы, *s'arracher les cheveux.*

Qu'il s'agît d'une illusion d'optique, je ne pouvais plus en douter... Il ne pouvait pourtant pas y avoir un cercueil dans chaque chambre! C'était, manifestement, une maladie des nerfs, une hallucination.

Et, où que j'aille à présent, je verrais partout ce terrible habitacle de la mort. Je devais être en train de perdre la raison, j'étais la proie d'une sorte de "manie du cercueil" et je n'avais pas besoin de chercher longtemps la cause de cette démence: il me suffisait de me rappeler la séance de spiritisme et les paroles de Spinoza...

"Je deviens fou", songeai-je, envahi par la terreur et me prenant la tête entre les mains. "Seigneur, que faire?!"

"Ma tête éclatait, mes jambes flageolaient... La pluie tombait à verse, le vent me transperçait de part en part et je n'avais sur moi ni ma pelisse ni mon bonnet. Il m'était impossible de retourner les chercher dans la chambre, c'était au-dessus de mes forces... La terreur m'enserrait d'une étreinte glacée. Mes cheveux se dressaient sur ma tête et une sueur froide coulait sur mon visage, bien que je fusse persuadé qu'il s'agissait d'une hallucination.

Que me restait-il à faire? continua Panikhidine. Je devenais fou et risquais, dans le froid, de tomber sérieusement malade.

---

8. **трещáть (щý, щи́шь):** imperfectif 1) (3e personne seulement) 2) *craquer en se fendant* 3) *parler sans s'arrêter.*
9. **подкáшиваться/подкоси́ться (шýсь, си́шься) нóги:** *se dérober, vaciller,* se dit uniquement des jambes.
10. **дождь лил, как из ведрá:** *la pluie tombait à verse* (m. à m. *versait comme d'un seau*).
11. **вéтер прони́зывал насквóзь:** *le vent me transperçait;* l'adverbe насквóзь renforce la notion de traversée donnée par le préverbe про; cf. note 4, p. 108.
12. **объя́тие:** *étreinte,* notez le pluriel dans l'expression: в свои́х объя́тиях; обнимáть/обня́ть (ни́му, ни́мешь), *étreindre.*
13. **встáть ды́бом:** cf. note 10, p. 103.
14. **струи́ться (ую́сь, и́шься):** imperfectif, ne s'emploie qu'à la 3e personne, *couler goutte à goutte;* «из сéрдца крóвь струи́тся» (Блок), *du cœur le sang coule goutte à goutte.*

К счастью, я вспомнил, что недалеко от Мертвого переулка живет мой хороший приятель[1], недавно только кончивший врач[2], Погостов, бывший со мной[3] в ту ночь на спиритическом сеансе. Я поспешил[4] к нему... Тогда он еще не был женат на[5] богатой купчихе и жил на пятом этаже дома статского советника Кладбищенского[6].

У Погостова моим нервам суждено было[7] претерпеть[8] еще новую пытку. Взбираясь на пятый этаж, я услышал страшный шум. Наверху кто-то бежал, сильно стуча ногами и хлопая дверьми[9].

– Ко мне! – услышал я раздирающий[10] душу крик. – Ко мне! Дворник!

И через мгновение навстречу мне сверху вниз по лестнице неслась[11] темная фигура в шубе и помятом[12] цилиндре...

– Погостов! – воскликнул я, узнав друга моего Погостова. – Это вы? Что с вами[13]?

Поравнявшись со мной[14], Погостов остановился и судорожно схватил меня за руку.

---

1. **прия́тель (/-я):** *ami,* pas très intime; intermédiaire entre друг, *ami intime* et знако́мый, *connaissance.*
2. **неда́вно то́лько ко́нчивший врач:** m. à m. *médecin qui venait récemment de terminer* (ses études).
3. **бывший со мно́й:** *qui se trouvait avec moi;* бы́вший, 1) *qui était* 2) *ancien;* бы́вший дире́ктор, *ancien directeur.*
4. **спеши́ть/поспеши́ть к** + dat.; *se hâter vers.*
5. **жена́т на** + loc.: *être marié:* m. à m. *pourvu de femme,* pour un homme; жени́ться на + loc., *se marier* (pour un homme); les équivalents pour une femme sont: быть за́мужем за + instr., m. à m. *derrière son mari* et выходи́ть (жу́, дишь)/вы́йти (ду́, дёшь) за́муж за + acc.; он жена́т на кра́савице, *il a épousé une beauté;* ты заче́м, глу́пая, за тако́го болва́на за́муж вы́шла? *pourquoi avoir épousé un nigaud pareil, petite sotte?*
6. **Кладби́щенский:** de кла́дбище, *cimetière;* syn. погост (cf. Пого́стов).
7. **суждено́ бы́ло:** *il était dit que, il devait advenir que.*

Heureusement, je me souvins que, non loin de la ruelle du Trépas, demeurait un bon ami à moi, médecin fraîchement diplômé, Pogostov, qui avait participé avec moi, cette nuit-là, à la séance de spiritisme. Je me hâtai d'aller le trouver… Il n'était pas encore marié, à l'époque, à une riche marchande et il demeurait au quatrième étage de la maison du conseiller d'État Kladbichtchenski.

Chez Pogostov, une nouvelle torture attendait mes nerfs. En montant au quatrième étage, j'entendis un bruit terrible. Quelqu'un, en haut, courait en tapant fortement des pieds et claquait les portes.

"A moi! entendis-je en un cri déchirant. A moi! Concierge!"

Un instant plus tard, je vis descendre à ma rencontre, dans l'escalier, une silhouette sombre en pelisse et haut-de-forme cabossé.

"Pogostov! m'exclamai-je en reconnaissant mon ami. C'est vous? Qu'avez-vous?"

En arrivant à ma hauteur, Pogostov s'arrêta et me prit par le bras d'un geste convulsif.

---

8. **перетерпéть (плю, пишь):** perfectif, *supporter;* скóлько он, бедня́га в жи́зни перетерпéл, *il en a eu des malheurs dans sa vie, le pauvre.*

9. **стучáть ногáми и хлóпать дверьми́:** *taper du pied et claquer les portes,* même construction avec l'instr.

10. **раздирáть/разодрáть (дерý, дерёшь):** *déchirer, mettre en lambeaux;* собáки разодрáли мне всю шýбу, *les chiens ont complètement déchiré ma pelisse.*

11. **носи́ться (шýсь, сишься)/нести́сь (сýсь, сёшься):** *passer en trombe;* кудá вы все несётесь? *où courez-vous tous comme ça?*

12. **помя́тый:** participe passé de мять (мнý, нёшь)/помя́ть, *froisser, friper.*

13. **что с вáми?:** *qu'avez-vous?;* mais кто с ним?, *qui l'accompagne?*

14. **поравня́вшись со мнóй:** *en arrivant au même niveau que moi,* gérondif passé de равня́ться/поравня́ться, formé sur рáвный, *égal.*

Он был бледен, тяжело дышал, дрожал. Глаза его беспорядочно блуждали[1], грудь вздымалась…

– Это вы, Панихидин? – спросил он глухим голосом. – Но вы ли это? Вы бледны, словно выходец из могилы[2]… Да полно[3], не галлюцинация ли вы?.. Боже мой… вы страшны…

– Но что с вами? На вас лица нет[4]!

– Ох, дайте, голубчик, перевести[5] дух… Я рад, что вас увидел, если это действительно вы, а не оптический обман. Проклятый[6] спиритический сеанс… Он так расстроил мои нервы, что я, представьте[7], воротившись[8] сейчас домой, увидел у себя в комнате… гроб!

Я не верил своим ушам[9] и попросил повторить.

– Гроб, настоящий гроб! – сказал доктор, садясь в изнеможении[10] на ступень. – Я не трус, но ведь и сам чёрт испугается, если после спиритического сеанса натолкнется[11] в потемках[12] на гроб!

Путаясь и заикаясь, я рассказал доктору про гробы, виденные мною…

Минуту глядели мы друг на друга[13], выпуча глаза и удивленно раскрыв рты[14].

---

1. **беспоря́дочно блужда́ли:** *erraient de façon désordonnée;* беспоря́док, *désordre;* блужда́ть/блуди́ть (жу́, дишь), *errer;* блу́дный сын, *enfant prodigue.*
2. **вы́ходец из** + gén.: *originaire de;* ici *qui vient de;* de выходи́ть (жу́, дишь) / вы́йти (ду́, дёшь) из + gén., *sortir de.*
3. **полно́:** 1) *plein* 2) *suffisant;* ici, *cela suffit.*
4. **на вас лица́ нет:** *vous êtes bouleversé, décomposé;* m. à m. *vous n'avez pas de visage.*
5. **переводи́ть (жу́, дишь) / перевести́ (ду́, дёшь) дух:** *reprendre son souffle;* m. à m. *remettre son souffle dans le bon chemin.*
6. **прокля́тый:** *maudit;* проклина́ть/прокля́сть (кля́ну, нешь), *maudire;* прокля́тие, *malédiction.*
7. **предста́вьте:** (sous-entendu себе́): *imaginez;* представля́ть/предста́вить (влю, вишь), кого́-н., кому́-н, *présenter qqun. à qqun.*

Il était pâle, respirait difficilement et tremblait. Ses yeux erraient sans but, sa poitrine se soulevait...

"C'est vous, Panikhidine? me demanda-t-il d'une voix sourde. Mais est-ce bien vous? Vous êtes pâle comme un revenant... Cela suffit, cependant, n'êtes-vous point une hallucination?.. Seigneur, vous me faites peur...

– Mais qu'avez-vous? Vous êtes décomposé!

– Oh, laissez-moi reprendre mon souffle, mon cher... Je suis heureux de vous voir, si c'est effectivement vous et non une illusion d'optique. Maudite séance de spiritisme... Elle m'a si bien déréglé les nerfs qu'en rentrant chez moi, rendez-vous compte, j'ai vu dans ma chambre... un cercueil!"

Je n'en croyais pas mes oreilles et le priai de répéter.

"Un cercueil, un authentique cercueil! dit le docteur en s'asseyant, épuisé, sur une marche. Je ne suis pas un froussard, mais le diable en personne prendrait peur en rencontrant dans l'obscurité, après une séance de spiritisme, un cercueil!"

En m'embrouillant et bégayant, je parlai au docteur de ceux que j'avais vus moi-même...

Nous nous regardâmes une minute, les yeux écarquillés, la bouche ouverte d'étonnement.

---

8. **вороти́вшись:** gérondif passé de вороти́ться (чу́сь, тишься), *rentrer*.

9. **не ве́рить свои́м уша́м:** *ne pas en croire ses oreilles;* не ве́рить свои́м глаза́м, *ne pas en croire ses yeux*.

10. **в изнеможе́нии:** m. à m. *dans un épuisement;* изнемога́ть/изнемо́чь (могу́, жешь), *être sans forces*.

11. **натолка́ться/натолкну́ться (ну́сь, нёшься) на** + acc.: 1) *heurter qqch., buter contre qqch.;* 2) *rencontrer par hasard, se trouver nez à nez avec*.

12. **в потёмках:** *dans l'obscurité,* de темно́, *sombre*.

13. **гляде́ть друг на дру́га:** *se regarder l'un l'autre;* помога́ть друг дру́гу, *s'entraider*.

14. **раскры́в рты:** m. à m. *ayant ouvert la bouche;* раскры́в est le gérondif passé de раскрыва́ть/раскры́ть (кро́ю, о́ешь); notez que рот *(bouche)* est ici au pluriel.

Потом же, чтобы убедиться, что мы не галлюцинируем[1], мы принялись щипать друг друга.

– Нам обоим больно, – сказал доктор, – стало быть, сейчас мы не спим и видим друг друга не во сне. Стало быть, гробы, мой и оба ваши[2], – не оптический обман, а нечто существующее[3]. Что же теперь, батенька[4], делать?

Простояв битый час[5] на холодной лестнице и теряясь в догадках[6] и предположениях, мы страшно озябли[7] и порешили отбросить малодушный страх и, разбудив[8] коридорного, пойти с ним в комнату доктора. Так мы и сделали[9]. Войдя в номер, зажгли свечу, и в самом деле увидели гроб, обитый белым глазетом, с золотой бахромой и кистями. Коридорный набожно[10] перекрестился[11].

– Теперь можно узнать, – сказал бледный доктор, дрожа всем телом[12], – пуст этот гроб или же...[13] он обитаем[14]?

После долгой, понятной[15] нерешимости доктор нагнулся и, стиснув от страха и ожидания зубы[16], сорвал с гроба крышку. Мы взглянули в гроб и...

---

1. **галлюцини́ровать:** verbe formé sur галлюцина́ция, *hallucination.*
2. **мой и о́ба ва́ши** (sous-entendu гробы́): notez que мой (твой, свой, его) peut être soit adjectif, soit pronom possessif.
3. **существу́ющее:** *qui existe,* participe présent actif de существова́ть (у́ю, у́ешь) / просуществова́ть, *exister,* существо́, *être.*
4. **ба́тенька:** de ба́тя (fam.) *père.*
5. **би́тый час:** *une heure entière* (m. à m. *une heure sonnée*).
6. **теря́ться в дога́дках:** *se perdre en conjectures;* de теря́ться/ потеря́ться; теря́ться в лесу́, *se perdre dans la forêt.*
7. **зя́бнуть (ну, нешь) / озя́бнуть:** *être transi;* пти́чки зимо́й зя́бнут, *les oiseaux ont froid l'hiver.*
8. **разбуди́в:** gérondif passé de буди́ть (жу́, дишь) / разбуди́ть, *réveiller;* буди́льник, *réveil* (objet).
9. **так мы и сде́лали:** *et c'est ce que nous fîmes;* notez la place de и.
10. **набо́жно:** *pieusement,* безбо́жник, *sans dieu;* par extension, *sans foi ni loi;* бог, *dieu.*

Puis, afin de nous convaincre que nous n'étions pas des hallucinations, nous nous mîmes à nous pincer.

"Cela nous fait mal à tous deux, dit le docteur. Donc, nous ne dormons pas en ce moment et ce n'est pas en rêve que nous nous voyons l'un l'autre. Par conséquent, les cercueils, le mien et les deux vôtres, ne sont pas des illusions d'optique mais quelque chose de réel. Que faire à présent, mon vieux?"

Après avoir passé une heure entière dans cet escalier glacé à nous perdre en conjectures et suppositions, nous étions terriblement transis et décidâmes de secouer cette lâche peur, de réveiller le garçon d'étage et d'entrer avec lui dans la chambre du docteur. Ce que nous fîmes. En pénétrant dans la chambre, nous allumâmes une bougie et vîmes effectivement un cercueil, capitonné de brocart blanc, avec des franges dorées et des glands. Le garçon d'étage se signa pieusement.

"Nous allons voir à présent, dit le docteur livide et en tremblant de tous ses membres, si ce cercueil est vide ou s'il est... habité."

Après une longue hésitation bien compréhensible, le docteur se pencha et, les dents serrées de crainte et d'appréhension, arracha le couvercle. Nous regardâmes à l'intérieur et...

---

11. **перекрести́ться (щу́сь, сти́шься):** *se signer;* de крест, *croix*.
12. **дрожа́ всем те́лом:** *tremblant de tout son corps;* дрожа́, gérondif présent de дрожа́ть (жу́, жи́шь); notez la construction avec l'instr., proche de la construction française.
13. **пуст э́тот гроб или же:** m. à m. *vide est cette tombe ou bien*, notez que l'élément conditionnel *si* (ли) est sous-entendu.
14. **обита́ем:** participe présent passif (forme courte) de обита́ть, *habiter;* необита́емый о́стров, *île déserte*.
15. **поня́тный:** *compréhensible;* поня́тно, dans la conversation, signifie *je vois, c'est clair*.
16. **сти́скивать/сти́снуть (ну, нешь) зу́бы:** *serrer les dents;* сти́снуть в свои́х объя́тиях, *serrer dans ses bras, étreindre*.

Гроб был пуст[1]...

Покойника в нем не было, но зато мы нашли в нем письмо такого содержания:

«Милый Погостов! Ты знаешь, что дела моего тестя пришли в страшный упадок[2]. Он залез в долги[3] по горло[4]. Завтра или послезавтра явятся[5] описывать его имущество[6], и это окончательно погубит[7] его семью и мою, погубит нашу честь, что для меня дороже всего[8]. На вчерашнем семейном совете мы решили припрятать[9] всё ценное и дорогое. Так как всё имущество моего тестя заключается в гробах[10] (он, как тебе известно, гробовых дел мастер[11], лучший в городе), то мы порешили припрятать самые лучшие гробы. Я обращаюсь к тебе[12], как к другу, помоги мне, спаси наше состояние[13] и нашу честь! В надежде, что ты поможешь нам сохранить[14] наше имущество, посылаю тебе, голубчик, один гроб, который прошу спрятать у себя и хранить впредь до востребования[15]. Без помощи знакомых и друзей мы погибнем.

---

1. **пуст:** forme courte de пусто́й, *vide;* ne pas confondre avec пусть! *soit!*
2. **упа́док:** *déclin, déchéance;* упа́док ри́мской импе́рии, *décadence de l'empire romain;* прийти́ (ду́, дёшь) в упа́док, *tomber en décadence;* упа́док сил, *affaiblissement;* упа́док ду́ха, *découragement* ≠ подъём.
3. **залеза́ть/залезть (зу, зешь) в долги:** m. à m. *se plonger dans les dettes*.
4. **по го́рло:** *jusqu'au cou* (m. à m. *jusqu'à la gorge*); здесь вода́ по коле́но, *l'eau arrive au genou;* я сыт по го́рло, *j'en ai plus qu'assez, j'en ai jusque-là* (m. à m. *je suis repu jusqu'à la gorge*).
5. **явя́тся:** de яви́ться (влю́сь, ви́шься) / явля́ться, *apparaître, se présenter*, cf. note 3, p. 14; notez la forme impersonnelle, *on se présentera*.
6. **опи́сывать/описа́ть (шу, шешь):** 1) *décrire* 2) (juridique) *saisir;* иму́щество, *biens,* au singulier en russe; недви́жимое иму́щество, *biens immobiliers*.
7. **губи́ть (блю́, бишь) / погуби́ть:** *faire périr, causer la perte*

Le cercueil était vide...

Il n'y avait pas de défunt à l'intérieur mais nous y trouvâmes une lettre dont voici le contenu:

"Cher Pogostov, tu sais que les affaires de mon beau-père connaissent actuellement un déclin terrible. Il est endetté jusqu'au cou. Demain ou après-demain, on viendra pour la saisie de ses biens et cela perdra définitivement sa famille et la mienne, ainsi que notre honneur qui m'est plus cher que tout au monde. Hier, lors d'un conseil de famille, nous avons décidé de cacher tout ce que nous avions de précieux et de coûteux.

"Etant donné que tous les biens de mon beau-père consistent en cercueils (tu sais qu'il est maître-fabricant de cercueils, le meilleur de la ville), nous avons décidé de cacher ses meilleures pièces. Je m'adresse à toi comme à un ami: viens-nous en aide et sauve notre fortune et notre honneur! Espérant que tu nous aideras à conserver nos biens, je t'envoie, très cher, un cercueil que je te prie de cacher et de garder chez toi jusqu'à ce que je te le demande. Sans l'aide de nos connaissances et de nos amis, nous sommes perdus.

---

de; ne pas confondre avec ги́бнуть (ну, нешь) / поги́бнуть, *périr*.

8. **доро́же всего́:** m. à m. *plus cher que tout;* бо́льше всего́, *plus que tout;* пре́жде всего́, *avant tout.*

9. **припря́тать (чу, чешь):** *cacher un temps,* notez ce sens atténuatif du préverbe при.

10. **заключа́ться в** + loc.: *consister en;* де́ло заключа́ется в сле́дующем, *voici en quoi consiste l'affaire.*

11. **гробовы́х дел ма́стер:** *maître fabricant de cercueils,* (m. à m. *maître en affaires de cercueils*).

12. **обраща́ться/обрати́ться (щусь, тишься) к** + dat.: *s'adresser à;* обраще́ние к наро́ду, *déclaration au peuple;* обраще́ние к чита́телю, *note au lecteur.*

13. **состоя́ние:** *fortune;* cf. note 9, p. 71.

14. **сохраня́ть/сохрани́ть:** *conserver;* срок сохране́ния, *délai de conservation,* mais консе́рвы, *conserves.*

15. **до востре́бования:** *jusqu'à réclamation;* письмо́ до востре́бования, *une lettre poste restante.*

Надеюсь, что ты не откажешь[1] мне, тем более, что гроб простоит у тебя не более недели. Всем, кого я считаю за наших истинных друзей[2], я послал по гробу[3] и надеюсь на их великодушие и благородство.

Любящий тебя Иван Челюстин»[4].

После этого я месяца три[5] лечился от[6] расстройства нервов[7], друг же наш[8], зять[9] гробовщика, спас и честь[10] свою, и имущество[11], и уже содержит[12] бюро[13] погребальных[14] процессий и торгует памятниками[15] и надгробными плитами. Дела его идут неважно[16], и каждый вечер теперь, входя[17] к себе, я всё[18] боюсь, что увижу[19] около своей кровати белый мраморный[20] памятник[21] или катафалк.

1884

---

1. **отка́зывать/отказа́ть (жу, жешь) кому-н в чем-н.:** *refuser qqch. à qqun;* он себе́ ни в чём не отка́зывает, *il ne se refuse rien.*
2. **кого я счита́ю за на́ших и́стинных друзе́й:** ou кого я счита́ю на́шими и́стинными друзья́ми, *ceux que je considère comme nos véritables amis.*
3. **по гро́бу:** *un cercueil à chacun;* по ici, est distributif; Дед Моро́з разда́л ка́ждому по пода́рку, *le Père Noël a donné un cadeau à chacun.*
4. **Челю́стин:** de че́люсть (-и) *mâchoire.*
5. **ме́сяца три:** *environ trois mois,* l'inversion exprime l'approximation.
6. **лечи́ться (чу́сь, чишься) от** + gén.: *se faire soigner pour,* notez la forme impersonnelle; тебе ну́жно лечи́ться в психбольни́це! *tu as besoin de te faire soigner chez les fous* (dans un asile)!
7. **расстро́йство не́рвов:** *un dérèglement nerveux;* расстро́йство желу́дка, *des ennuis digestifs;* гита́ра расстро́ена, *la guitare est désaccordée.*
8. **друг же наш:** *quant à notre ami;* notez ce sens d'opposition de la particule d'insistance.
9. **зять (-я):** *beau-fils;* снoха́, *belle-fille.*
10. **че́сть (-и):** *honneur;* че́стный, *honnête;* че́стное сло́во, *parole d'honneur;* отдава́ть (аю́, аёшь) / отда́ть (да́м, да́шь) честь: 1) *rendre les honneurs* 2) *faire le salut militaire.*

J'espère que tu ne refuseras pas, d'autant plus que ce cercueil ne demeurera pas chez toi plus d'une semaine. J'en ai envoyé également à chacun de ceux que je considère comme nos véritables amis et j'espère en leur grandeur d'âme et en leur noblesse.

Avec affection, Ivan Tchélioustine."

Après ces événements, je dus soigner trois mois environ un dérèglement nerveux; quant à notre ami, le beau-fils du fabricant de cercueils, il sauva tant son honneur que ses biens, et il dirige à présent un bureau de pompes funèbres et vend des stèles et des pierres tombales. Ses affaires ne marchent guère et, en rentrant chez moi chaque soir, j'appréhende de voir près de mon lit une stèle de marbre blanc ou un catafalque.»

1884

---

11. **и честь и иму́щество:** *tant son honneur que ses biens,* (m. à m. *et son honneur et ses biens*).
12. **содержа́ть (жу, жишь):** *entretenir;* содержа́ть семью́, *nourrir une famille.*
13. **бюро́:** du français, *bureau,* syn. конто́ра (littéralement *comptoir*).
14. **погреба́льный:** de погреба́ть/погрести́ (бу́, бёшь) *enterrer;* погрести́ с почё́стями, *enterrer avec tous les honneurs.*
15. **торгова́ть па́мятниками:** *faire commerce de monuments;* торгова́ть апельси́нами, *vendre des oranges.*
16. **дела́ иду́т нева́жно:** *les affaires ne sont pas fameuses;* я себя́ чу́вствую нева́жно, *je ne me sens pas bien.*
17. **входя́:** gérondif présent de входи́ть (жу́, дишь)/войти́ (ду́, дёшь), *en entrant.*
18. **всё:** sens temporel ici, *constamment;* что вы все смеётесь? *pourquoi riez-vous sans cesse?*
19. **уви́деть (жу, дишь):** perfectif, *apercevoir,* le préverbe marquant la brièveté de l'action.
20. **мра́морный:** de мра́мор, *marbre;* мра́морная плита́, *une dalle de marbre.*
21. **па́мятник:** *monument,* de па́мять (-и), *mémoire;* па́мятник архитекту́ры, *monument d'architecture.*

# ПЕРЕСОЛИЛ[1]

# FORT DE CAFÉ

Землемер[2] Глеб Гаврилович Смирнов приехал на станцию «Гнилушки[3]». До усадьбы, куда он был вызван[4] для межевания, оставалось еще проехать на лошадях верст тридцать – сорок. (Ежели возница не пьян и лошади не клячи, то и тридцати верст не будет[5], а коли возница с мухой[6] да кони наморены[7], то целых[8] пятьдесят наберется[9].)

– Скажите, пожалуйста, где я могу найти здесь почтовых лошадей? – обратился землемер к станционному жандарму.

– Которых? Почтовых? Тут за сто верст путевой[10] собаки не сыщешь[11], а не то что почтовых... Да вам куда ехать?

– В Девкино, имение генерала Хохотова[12].

– Что ж? – зевнул жандарм. – Ступайте за станцию, там на дворе иногда бывают мужики, возят пассажиров.

Землемер вздохнул и поплелся[13] за станцию. Там, после долгих поисков, разговоров и колебаний, он нашел здоровеннейшего[14] мужика, угрюмого, рябого, одетого в рваную сермягу[15] и лапти[16].

---

1. **пересоли́ть:** m. à m. *mettre trop de sel;* au figuré (familier) *exagérer, aller trop loin;* syn. переборщи́ть.
2. **землеме́р:** *arpenteur,* de ме́рить/изме́рить, *mesurer,* et земля́, *terre,* même éthymologie que celle du français «géomètre».
3. **Гнилу́шки:** de гнило́й *pourri.*
4. **вы́зван:** participe passé passif (forme courte) de вызыва́ть/вы́звать (зову́, зовёшь), *appeler, faire venir;* вы́звать врача́, *appeler un médecin.*
5. **не бу́дет:** *cela ne se fera pas* (m. à m. *ne sera pas*); notez l'absence de concordance des temps.
6. **с му́хой** ou **под му́хой быть:** *être ivre, pompette;* му́ха, *mouche;* syn. хоро́ш, *gris.*
7. **намо́рены:** participe passé passif de мори́ть/намори́ть, *épuiser;* syn. умори́ть.
8. **це́лых:** insiste sur la quantité.
9. **набира́ть/набра́ть (беру́, берёшь):** *obtenir une certaine quantité en ajoutant divers éléments;* не наберётся у тебя́ 3 рубля́? *tu n'aurais pas trois roubles?* (m. à m. *tu ne trouverais*

Gleb Gavrilovitch Smirnov, arpenteur, était arrivé à la gare de Gnilouchki. Il lui restait encore à faire en voiture, jusqu'à la propriété où il avait été mandé pour la borner, de trente à quarante verstes. (Si le cocher n'était pas ivre ni les chevaux des carnes, il n'y avait pas trente verstes, mais avec un cocher éméché et des chevaux harassés, cela en faisait bien cinquante.)

– Dites-moi, je vous prie, où je puis trouver ici des chevaux de poste, demanda l'arpenteur au gendarme de la gare.

– Comment? De poste? Mais à cent verstes à la ronde on ne trouverait pas ici un chien correct, il est bien question de chevaux de poste... Où allez-vous donc?

– A Dievkino, dans la propriété du général Khokhotov.

– Eh bien, fit le gendarme en bâillant, allez voir derrière la gare, il y a parfois des paysans dans la cour qui prennent des passagers.

L'arpenteur soupira et s'en fut à pas lents derrière la gare. Là, après de longues recherches, discours et hésitations, il trouva un solide gaillard de paysan, taciturne, le visage grêlé, vêtu d'un caftan de toile déchiré et de chaussures de tille.

---

pas trois roubles en additionnant des pièces ou des billets?)

10. **путёвый:** *correct;* какой он непутёвый, *quel bon à rien.*

11. **сыска́ть (сыщу́, сы́щешь):** perfectif, syn. отыска́ть, найти́, *trouver;* notez l'emploi de la 2e personne du singulier pour animer le récit; m. à m. *tu ne trouveras pas.*

12. **Хо́хотов:** de хохота́ть (чу, чешь)/захохота́ть, *rire aux éclats.*

13. **плести́сь (ту́сь, тёшься)/поплести́сь:** fam., *avancer lentement, avec peine et sans enthousiasme.*

14. **здорове́ннейший:** accumulation de deux marques de superlatif avec le suffixe е́нный et le superlatif proprement dit; de здоро́вый 1) *sain* 2) (ici) *solide, imposant;* здоро́вый чемода́н, *une énorme valise;* здо́рово, *c'est rudement bien.*

15. **сермя́га:** *kaftan* (ancien vêtement long de dessus) *de grosse toile.*

16. **ла́пти:** *chaussures en tille* (écorce de bouleau) *tressée.*

– Черт знает[1] какая у тебя телега! – поморщился землемер, влезая в телегу. – Не разберешь, где у нее зад, где перед...

– Что ж тут разбирать-то? Где лошадиный хвост, там перед, а где сидит ваша милость[2], там зад...

Лошаденка была молодая, но тощая, с растопыренными[3] ногами и покусанными[4] ушами. Когда возница приподнялся[5] и стегнул[6] ее веревочным кнутом, она только замотала головой, когда же он выбранился[7] и стегнул ее еще раз, то телега взвизгнула[8] и задрожала, как в лихорадке[9]. После третьего удара телега покачнулась[10], после же четвертого она тронулась[11] с места.

– Этак мы всю дорогу поедем? – спросил землемер, чувствуя сильную тряску и удивляясь способности русских возниц соединять тихую, черепашью езду[12] с душу выворачивающей[13] тряской.

– До-о-едем! – успокоил возница. – Кобылка молодая, шустрая... Дай ей только разбежаться[14], так потом и не остановишь[15]... Но-о-о, прокля...тая!

---

1. **чёрт зна́ет, кака́я у тебя́ теле́га:** m. à m. *le diable sait quelle carriole tu as.*

2. **ми́лость(-и):** *grâce, amabilité;* ми́лости про́сим, *veuillez entrer;* ва́ша ми́лость, m. à m. *Votre Grâce, Votre Seigneurie.*

3. **растопы́ривать/растопы́рить:** *écarter maladroitement;* растопы́ренный est le participe passé passif.

4. **поку́санные:** participe passé passif de куса́ть/покуса́ть, *mordre;* notez que les insectes, en russe, mordent: он весь поку́сан комара́ми/ *il est couvert de piqûres de moustiques.*

5. **приподнима́ться/приподня́ться (ни́мусь, ни́мешься):** notez ce sens du préverbe при: *un peu,* le cocher se lève à peine de son siège.

6. **стега́ть/стегну́ть (ну́, нёшь):** *fouetter.*

7. **брани́ться/вы́браниться** *jurer,* syn. руга́ться/вы́ругаться, брань(-и); *jurons;* брани́ть/вы́бранить, *réprimander, invectiver.*

8. **взви́згивать/взви́згнуть (ну, нешь):** *pousser des cris aigus,* ici le perfectif indique que l'action n'a lieu qu'une fois (notion renforcée par le suffixe ну).

– Diable, tu as vraiment une drôle de carriole, dit l'arpenteur en faisant la grimace tandis qu'il y montait. Pas moyen de comprendre où est l'arrière ni où est l'avant...

– Et qu'y a-t-il donc là à comprendre? Là où il y a la queue du cheval, c'est l'avant, et là où est assise Votre Seigneurie, c'est l'arrière...

Le petit cheval était jeune mais efflanqué, panard, les oreilles mangées. Lorsque le cocher se leva et le frappa de son fouet de corde, il se contenta de secouer la tête; lorsque l'homme jura et le fouetta une seconde fois, la voiture grinça et se mit à trembler, comme de fièvre. Après le troisième coup, la carriole oscilla et après le quatrième elle démarra.

– Nous allons rouler comme ça tout le chemin? demanda l'arpenteur, sentant de fortes secousses et s'étonnant de la faculté, chez les cochers russes, d'allier un train de sénateur à un cahotement à vous retourner l'âme.

– On arrivera bien, fit le cocher d'un ton de conciliation. La jument est jeune et alerte... Laissez-la seulement s'échauffer et y aura plus moyen de l'arrêter... Hue! Hue! Maudite bête!

---

9. **лихора́дка:** *fièvre;* лихора́дочно, *fiévreusement;* он лежи́т в лихора́дке, *il est terrassé par la fièvre,* mais у него́ температу́ра, *il a de la fièvre.*
10. **покачну́ться (ну́сь, нёшься):** *marquer une secousse* (une seule, précise le suffixe ну).
11. **тро́нуться (нусь, нешься) с ме́ста:** m. à m. *bouger de place;* syn. дви́гаться с ме́ста.
12. **черепа́шья езда́:** m. à m. *allure de tortue,* de черепа́ха, *tortue;* cf. note 11, p. 59.
13. **ду́шу вывора́чивать:** m. à m. *retourner l'âme,* вывора́чивающая est un participe présent actif.
14. **да́йте ей то́лько разбежа́ться:** m. à m. *laissez-la seulement prendre son élan.*
15. **не остано́вишь:** m. à m. *on ne l'arrêtera pas.*

Когда телега выехала со станции, были сумерки. Направо от землемера тянулась темная, замерзшая[1] равнина, без конца и краю[2]... Поедешь по ней, так наверно заедешь к черту на кулички. На горизонте, где она исчезала и сливалась с небом, лениво догорала[3] холодная осенняя заря... Налево от дороги в темнеющем воздухе высились какие-то бугры, не то прошлогодние стоги, не то деревня. Что было впереди, землемер не видел, ибо с этой стороны всё поле зрения[4] застилала[5] широкая, неуклюжая спина возницы. Было тихо, но холодно, морозно[6].

«Какая, однако, здесь глушь[7]! – думал землемер, стараясь прикрыть[8] свои уши воротником от шинели. – Ни кола ни двора[9]. Не ровен час[10] – нападут[11] и ограбят, так никто и не узнает, хоть из пушек пали[12]... Да и возница ненадежный... Ишь, какая спиница[13]! Этакое дитя природы[14] пальцем тронет[15], так душа вон[16]! И морда у него зверская[17], подозрительная».

– Эй, милый, – спросил землемер, – как тебя зовут?

– Меня-то? Клим.

---

1. **замёрзшая:** participe passé passif de замерзáть/замёрзнуть (ну, нешь), *geler.*
2. **без концá и крáю:** m. à m. *sans fin ni bord.*
3. **догорáть/догорéть (рю́, ри́шь):** *finir de brûler,* le préverbe до exprimant l'idée d'achèvement.
4. **пóле зрéния:** *champ visuel;* пóле би́твы, *champ de bataille;* магни́тное пóле, *champ magnétique.*
5. **застилáть/застели́ть:** *recouvrir une surface.*
6. **бы́ло морóзно:** *il gelait;* syn. стоя́л морóз.
7. **глушь(-и):** *trou perdu;* жить в глуши́, *habiter un trou perdu.*
8. **прикрывáть/прикры́ть (рóю, рóешь):** *recouvrir un peu ou un moment,* при étant ici atténuatif.
9. **ни колá ни дворá:** m. à m. *ni pieu, ni cour;* signifie: *endroit misérable ou désert.*
10. **не рóвен час:** expression idiomatique signifiant *tout peut arriver;* рóвный signifie *égal;* рóвная дорóга, *une bonne route;* рóвный счёт, *un compte rond.*

Lorsque la voiture quitta la gare, la nuit tombait. A droite de l'arpenteur s'étendait une plaine sombre et gelée, à l'infini... En s'y aventurant, on devait certainement arriver au diable vauvert. A l'horizon où elle disparaissait et se fondait avec le ciel, le froid crépuscule d'automne envoyait paresseusement ses derniers feux... A gauche du chemin, dans l'air qui s'assombrissait s'élevait quelque chose comme des bosses, peut-être des meules de l'année précédente, ou bien un village. Quant à ce qu'il y avait devant, l'arpenteur ne le voyait pas car, de ce côté-là, son champ visuel était entièrement occupé par le dos large, aux mouvements gauches, du cocher. Le temps était calme, mais il faisait froid et il gelait.

«Quel trou perdu, par exemple, songea l'arpenteur en s'efforçant d'abriter ses oreilles dans le col de son manteau. Un vrai désert. Dieu sait ce qui peut arriver, on nous attaquerait pour nous voler que personne n'en saurait rien, on aurait beau tirer au canon!.. Et le cocher qui n'est pas sûr... Voyez un peu ce dos d'athlète! Un enfant de la nature comme celui-là, il suffit qu'il vous touche seulement du doigt, et vous rendez l'âme! D'ailleurs, il a une gueule bestiale et suspecte.»

– Eh, mon bon, demanda l'arpenteur, comment t'appelles-tu?

– Moi? Klim.

---

11. **нападáть/напáсть (падý, падёшь)** + acc.: *attaquer:* ici futur d'éventualité.

12. **хоть из пýшек палú:** *on pourrait même tirer au canon;* палúть/вы́палить ou пальнýть, *tirer des coups de feu.*

13. **спинúща:** de спинá, *dos;* le suffixe ища est augmentatif.

14. **дитя́ прирóды:** *enfant de la nature;* дитя́, *enfant,* est vieilli, on emploie aujourd'hui ребёнок au singulier.

15. **пáльцем трóгать:** *toucher à peine* (m. à m. *toucher du doigt);* пáльцем, instr. de пáлец, *doigt.*

16. **душá вон:** m. à m. *l'âme s'en va au loin.*

17. **звéрский:** de зверь(-я), *bête sauvage;* звéрский аппетúт, *une faim de loup.*

– Что, Клим, как у вас здесь? Не опасно? Не шалят[1]?

– Ничего, бог миловал[2]... Кому ж шалить[3]?

– Это хорошо, что не шалят... Но на всякий случай все-таки я взял с собой три револьвера, – соврал землемер. – А с револьвером, знаешь, шутки плохи[4]. С десятью разбойниками можно справиться[5]...

Стемнело. Телега вдруг заскрипела, завизжала, задрожала и, словно нехотя, повернула налево.

«Куда же это он меня повез? – подумал землемер. – Ехал всё прямо н вдруг налево. Чего доброго[6], завезет[7], подлец, в какую-нибудь трущобу[8] н... и... Бывают ведь случаи[9]!»

– Послушай, – обратился он к вознице. – Так ты говоришь, что здесь не опасно? Это жаль... Я люблю с разбойниками драться... На вид-то я худой, болезненный[10], а силы у меня, словно у быка[11]... Однажды напало на меня три разбойника... Так что ж ты думаешь? Одного я так трахнул, что... что, понимаешь, богу душу отдал, а два другие из-за меня[12] в Сибирь пошли на каторгу. И откуда у меня сила берется[13], не знаю... Возьмешь[14] одной рукой какого-нибудь здоровилу[15], вроде тебя, и... и сковырнешь[16].

---

1. **шали́ть:** imperfectif, *polissonner:* (ancien) *commettre des actes de brigandage* (ici).
2. **Бог милова́л:** m. à m. *Dieu nous en a fait grâce.*
3. **кому́ же шали́ть:** m. à m. *et qui pourrait faire le brigand?*, notez la construction; на́до бы кры́шу почини́ть, да не́кому, *il faudrait réparer le toit, mais il n'y a personne pour le faire.*
4. **шу́тки пло́хи:** m. à m. *les plaisanteries sont mauvaises.*
5. **справля́ться/спра́виться с** + instr.: *venir à bout de;* ты со свое́й рабо́той спра́вился? *tu es venu à bout de ton travail?*
6. **чего́ до́брого:** *il se pourrait bien que, sans doute* (indiquant une éventualité désagréable).
7. **завози́ть (жу́, зишь)/завести́ (ду́, дешь):** *emmener en voiture;* householdзаво́з това́ров, *livraison de marchandises.*
8. **трущо́ба:** 1) *endroit impénétrable* 2) *bidonville.*
9. **быва́ют слу́чаи:** *cela arrive;* syn. plus courant, быва́ет; слу́чай, *cas, éventualité.*

– Eh bien, Klim, comment ça va chez vous, par ici? Ce n'est pas dangereux? Pas de brigandage?

– Ça va, Dieu nous en préserve. D'où viendraient-ils donc, les brigands?

– C'est bien qu'il n'y en ait pas... Mais, pour le cas, j'ai tout de même pris avec moi trois revolvers, mentit l'arpenteur. Et avec un revolver, tu sais, on ne plaisante pas. On peut venir à bout d'une dizaine de bandits.

La nuit vint. La voiture soudain grinça, piaula, trembla et, comme à contrecœur, tourna à gauche.

«Où donc m'emmène-t-il? songea l'arpenteur. Il allait tout droit, et le voilà qui tourne à gauche brusquement. Il se pourrait bien qu'il me conduise dans un fourré quelconque, le scélérat et... ce genre de choses arrive pourtant!»

– Ecoute, dit-il en s'adressant au cocher. Tu dis bien que le coin n'est pas dangereux? C'est dommage... J'aime me battre contre des brigands... D'aspect, je suis maigre et chétif, mais je suis fort comme un bœuf... Un jour, trois bandits m'ont attaqué... Et que crois-tu? J'ai si bien cogné l'un d'eux que, vois-tu, il a rendu l'âme et les deux autres, à cause de moi, sont allés au bagne, en Sibérie. D'où me vient seulement toute cette force, je n'en sais rien. Je t'empoigne d'une main un solide gaillard dans ton genre et... je te l'envoie valser.

---

10. **болезненный:** 1) *maladif;* болéзненное самолю́бие, *amour-propre maladif* 2) *douloureux;* болéзненная рáна, *blessure douloureuse.*
11. **си́лы у меня́ сло́вно у быка́:** m. à m. *j'ai autant de force qu'un taureau.*
12. **из-за меня́:** *à cause de moi;* все из-за негó, *tout est de sa faute.*
13. **отку́да берётся:** *d'où vient;* отку́да беру́тся дéти? *d'où viennent les bébés?* de брать (беру́, берёшь)/взять (возьму́, мёшь), *prendre.*
14. **возьмёшь, сковырнёшь:** m. à m. *tu prendras, tu enverras...;* le futur anime le récit.
15. **здорови́ла:** *solide gaillard;* cf. note 14, p. 127.
16. **сковыря́ть/сковырну́ть:** *extraire en pressant, arracher.*

Клим оглянулся на землемера, заморгал[1] всем лицом и стегнул по лошаденке.

– Да, брат[2]... – продолжал землемер. – Не дай бог со мной связаться[3]. Мало того, что разбойник без рук, без ног останется, но еще и перед судом ответит... Мне все судьи и исправники знакомы. Человек я казенный[4], нужный... Я вот еду, а начальству известно... так и глядят[5], чтоб мне кто-нибудь худа не сделал. Везде по дороге за кустиками урядники да сотские[6] понатыканы[7]... По... по...постой! – заорал[8] вдруг землемер. – Куда же это ты въехал? Куда ты меня везешь?

– Да нешто[9] не видите? Лес!

«Действительно, лес... подумал землемер. – А я-то[10] испугался! Однако, не нужно[11] выдавать своего волнения... Он уже заметил, что я трушу[12]. Отчего это[13] он стал так часто на меня оглядываться? Наверное, замышляет[14] что-нибудь... Раньше ехал еле-еле, нога за ногу[15], а теперь ишь как[16] мчится!»

– Послушай, Клим, зачем ты так гонишь[17] лошадь?

---

1. **моргáть/заморгáть:** *plisser les yeux;* не моргнýв, ou глáзом не моргáя, *sans ciller.*
2. **брат:** *frère,* ici, *mon vieux;* брáтцы, *les gars.*
3. **не дай Бог со мной свя́заться:** *Dieu (vous) préserve de me chercher querelle;* свя́зываться/связáться (жýсь, жешься) + instr., *chercher querelle, se frotter à.*
4. **казённый:** *d'Etat;* казённые дéньги; *l'argent de l'Etat.*
5. **так и глядя́т;** tournure indiquant la durée, *ils ne cessent de veiller* (m. à m. *de regarder).*
6. **сóтский:** de сóтня 1) *centaine* 2) sous-division militaire qu comptait à l'origine une centaine de soldats (équivaut à u *escadron*), en général des cosaques (казáчья сотня).
7. **понаты́кать:** perfectif, *planter,* de; наты́кать/наткнýт (ткнý, ткнёшь); гвоздéй наты́кать, *planter des clous;* le pré verbe по ajoute une idée de répartition.
8. **орáть (рý, рёшь)/заорáть:** *hurler,* mais волк вóет, *le lou hurle,* de выть (вóю, вóешь), *hurler* (pour un animal).
9. **нéшто:** fam. pour неужéли.

Klim se retourna, regardant l'arpenteur tandis que son visage se fendait en une grimace, et fouetta le cheval.

– Oui, mon vieux, poursuivit l'arpenteur, je ne conseille à personne de me chercher querelle. Non seulement le brigand se retrouvera sans bras ni jambes, mais il en répondra devant le tribunal… je connais tous les juges et les chefs de police. Je suis un fonctionnaire, un homme indispensable… Par exemple, mes supérieurs savent que je suis en route à présent… Et ils veillent bien à ce que personne ne me cause de tort. Partout, le long du chemin, il y a des sous-officiers de police et des cosaques plantés derrière les buissons… Mais… mais… arrête! hurla soudain l'arpenteur. Où vas-tu donc? Où me conduis-tu?

– Vous voyez donc pas? C'est la forêt!

«Effectivement, c'est une forêt…, songea l'arpenteur. Et moi qui ai eu peur! Je ne dois pas trahir mon émotion cependant… Il a déjà remarqué que j'avais la frousse. Et pourquoi se retourne-t-il si souvent pour me regarder? Il doit certainement mijoter quelque chose… Tout à l'heure, il avançait à peine, il se traînait et, à présent, voyez comme il file!»

– Ecoute, Klim, pourquoi lances-tu si vite ton cheval?

---

10. **я-то:** notez l'emploi de то, particule d'insistance; я-то не пойду́, *quant à moi, je n'irai pas.*

11. **не ну́жно:** *il ne faut pas,* et non pas *il n'est pas nécessaire de,* bien que ну́жно signifie *il est nécessaire;* не ну́жно так говори́ть, *on ne doit pas dire cela.*

12. **тру́сить (шу, сишь)/стру́сить:** *avoir la frousse;* трус, *froussard.*

13. **отчего́ э́то:** fam., m. à m. *pourquoi donc est-ce que.*

14. **замышля́ть/замы́слить (шлю, лишь):** *préparer, mijoter* (un projet).

15. **нога́ за́ но́гу:** fam., *avancer lentement,* m. à m. *les jambes croisées* (avec peine).

16. **ишь как:** fam., *voyez-moi comme,* abrégé de ви́дишь как, *tu vois comme;* ишь как он сбежа́л, *voyez comme il a filé.*

17. **гнать (гоню́, нишь):** imperfectif, 1) *chasser* 2) (ici) *faire courir, chasser* (se dit du bétail).

– Я ее не гоню. Сама разбежалась[1]... Уж как разбежится, так никаким средствием[2] ее не остановишь... И сама она не рада, что у ней ноги такие[3].

– Врешь, брат! Вижу, что врешь! Только я тебе не советую так быстро ехать. Попридержи-ка[4] лошадь... Слышишь? Попридержи!

– Зачем?

– А затем... затем, что за мной со станции должны выехать четыре товарища. Надо, чтоб они нас догнали... Они обещали догнать меня в этом лесу... С ними веселей будет ехать... Народ здоровый, коренастый... у каждого по пистолету... Что это ты всё оглядываешься и движешься, как на иголках[5]? а? Я, брат, тово... брат... На меня нечего[6] оглядываться... интересного во мне ничего нет... Разве вот револьверы только... Изволь, если хочешь, я их выну, покажу... Изволь[7]...

Землемер сделал вид, что роется[8] в карманах, и в это время случилось то, чего[9] он не мог ожидать при всей своей трусости[10]. Клим вдруг вывалился[11] из телеги и на четвереньках[12] побежал к чаще.

---

1. **разбега́ться/разбежа́ться (гу́сть, жи́шься):** 1) *prendre son élan* 2) (ici) *se mettre à courir pour de bon,* le préverbe раз exprimant ici l'idée d'épanouissement de l'action.

2. **сре́дствием:** déformation de сре́дством, instr. de сре́дство; le langage de Klim n'est guère châtié.

3. **сама́ она́ не ра́да, что у ней но́ги таки́е:** m. à m. *elle n'es pas contente elle-même d'avoir des jambes comme ça:* она́ сама́ не ра́да, что у неё тако́й хара́ктер, *elle souffre elle-même d'avoir un pareil caractère.*

4. **попридержи́-ка:** de приде́рживать/придержа́ть (жу жишь), *retenir un peu;* notez l'accumulation de deux préver bes signifiant chacun *un peu;* попридержи́! notez la répétitio du verbe sans son complément.

5. **дви́жешься как на иго́лках:** m. à m. *tu remues comme su des aiguilles;* сиде́ть как на иго́лках, *être sur des charbon ardents.*

6. **не́чего:** *ce n'est pas la peine;* не́чего дурако́м прики́дь ваться, *inutile de faire l'imbécile.*

– Je le lance pas. C'est lui qui court tout seul... Une fois qu'il est parti, y a plus aucun moyen de l'arrêter... Vous croyez qu'il est content, lui, d'avoir des jambes comme ça?

– C'est faux, mon vieux, je le vois bien. Mais je ne te conseille pas d'aller si vite. Retiens un peu le cheval... Tu m'entends? Retiens-le un brin!

– Et pourquoi?

– Et parce que... parce que quatre camarades doivent venir me rejoindre de la gare. Il faut qu'ils nous rattrapent... Ils ont promis de me retrouver dans cette forêt... Ce sera plus gai de faire route avec eux... Ce sont gens solides, râblés... chacun est muni d'un pistolet... Qu'as-tu à te retourner tout le temps et à frétiller comme sur des charbons ardents? Hein? Tu sais, moi, mon vieux, ... mon vieux... ce n'est pas la peine de me regarder... je n'ai rien d'intéressant... mes revolvers que voilà seulement... A ta guise, si tu veux, je vais les sortir et te les montrer... Très volontiers...

L'arpenteur fit mine de fouiller dans ses poches, et il arriva alors une chose à laquelle il ne pouvait s'attendre, malgré toute sa couardise. Klim s'affala soudain sur la route et gagna un fourré à quatre pattes.

---

7. **изво́ль:** *permets,* de изво́лить: изво́льте (formule de politesse), *permettez.*

8. **ры́ться (ро́юсь, ро́ешься)/поры́ться в** + loc.: *fouiller;* рыть/вырыть, *creuser.*

9. **случи́лось то, чего́:** *il est arrivé une chose que;* ничего́ не случи́лось, *il n'est rien arrivé.*

10. **при всей своей тру́сости:** *malgré toute sa poltronnerie* (m. à m. *en présence de toute sa poltronnerie*) при всём его́ о́пыте, ему́ вряд ли спра́виться с э́тим де́лом, *en dépit de toute son expérience, il aura du mal à venir à bout de cette affaire.*

11. **выва́ливаться/вы́валиться из** + gén.: *tomber en roulant* ou *glissant;* вы́валился из теле́ги, m. à m. *il tomba en glissant de la voiture.*

12. **на четвере́ньках:** *à quatre pattes;* на цы́почках, *sur la pointe des pieds;* на коле́нях, *à genoux.*

– Караул! – заголосил[1] он. – Караул! Бери, окаянный, и лошадь и телегу, только не губи ты моей души[2]! Караул!

Послышались скорые, удаляющиеся[3] шаги, треск хвороста – и все смолкло... Землемер, не ожидавший[4] такого реприманда, первым делом[5] остановил лошадь, потом уселся поудобней[6] на телеге и стал думать.

«Убежал... испугался, дурак... Ну, как теперь быть[7]? Самому[8] продолжать путь нельзя, потому что дороги не знаю, да и могут подумать, что я у него лошадь украл... Как быть?» – Клим! Клим!

– Клим!.. – ответило эхо.

От мысли, что ему всю ночь придется просидеть в темном лесу на холоде и слышать только волков, эхо да фырканье тощей кобылки, землемера стало коробить вдоль спины[9], словно холодным терпугом[10].

– Климушка! – закричал он. – Голубчик! Где ты, Климушка?

Часа два кричал землемер, и только после того, как он охрип[11] и помирился[12] с мыслью о ночевке[13] в лесу, слабый ветерок донес до него чей-то стон.

---

1. **голоси́ть (шу́, сишь)/заголоси́ть:** m. à m. *donner de la voix;* 1) *pleurer à haute voix en se lamentant* (à un enterrement par exemple); 2) *crier à haute voix* (ici).

2. **не губи́ ты моéй души́:** m. à m. *ne cause pas la perte de mon âme.*

3. **удаля́ющиеся:** participe passé actif de удаля́ться/удали́ться, *s'éloigner;* удаля́ющийся го́лос, *une voix qui s'éloigne.*

4. **ожида́вший:** participe passé actif de ожида́ть, *s'attendre à, attendre;* зал ожида́ния, *salle d'attente.*

5. **пе́рвым де́лом:** *en premier lieu* (m. à m. *en première affaire*).

6. **поудо́бней:** formé sur удо́бно, comparatif, *bien commodément.*

7. **как тепе́рь быть?:** que faire? (m. à m. *comment être maintenant?*).

8. **самому́:** m. à m. *lui-même,* signifie ici *seul;* я сам! *je le ferai tout seul!*

– Au secours! criait-il. Au secours! Prends mon cheval et ma voiture, canaille, mais ne me tue pas! Au secours!

On entendit des pas s'éloigner rapidement, des branches craquer puis tout se tut... L'arpenteur qui ne s'attendait pas à un tel contrecoup commença par arrêter le cheval puis s'installa commodément dans la voiture et se mit à réfléchir.

«Il s'est sauvé... Il a eu peur, l'imbécile... Voyons, que faire maintenant? Il m'est impossible de continuer seul parce que je ne connais pas le chemin et puis on pourrait penser que je lui ai volé son cheval... Que faire?»

– Klim! Klim!

– Klim!.. répondit l'écho.

A la pensée qu'il allait devoir passer toute la nuit dans le froid et cette forêt sombre à n'entendre que les loups, l'écho et les ébrouements de la jument efflanquée, l'arpenteur fut parcouru de frissons le long de l'échine, comme si on y passait une râpe bien froide.

– Mon vieux Klim! s'écria-t-il. Mon cher! Où es-tu, mon bon Klim?

L'arpenteur cria bien deux heures durant et, lorsqu'il fut enroué et se fut résigné à l'idée de passer la nuit dans la forêt, alors seulement un vent faible lui apporta un gémissement.

---

9. **ста́ло коро́бить вдоль спины́:** de коро́бить (блю,, бишь)/покоро́бить 1) *courber* 2) *susciter une sensation désagréable* (m. à m. *il eut une sensation désagréable le long du dos).*

10. **сло́вно холо́дным терпуго́м:** m. à m. *comme avec une râpe froide.*

11. **то́лько по́сле того́, как он охри́п:** m. à m. *seulement après qu'il fut enroué;* хрипнуть (ну, нешь)/охри́пнуть, *être enroué;* хри́плый го́лос, *voix rauque;* notez la disparition du suffixe au passé.

12. **мири́ться/помири́ться** с + instr.: *se résigner à, accepter.*

13. **ночёвка:** substantif formé sur ночева́ть (чу́ю, чу́ешь)/переночева́ть, *passer la nuit,* de ночь, *nuit.*

– Клим! Это ты, голубчик? Поедем!

– У... убьешь[1]!

– Да я пошутил[2], голубчик! Накажи меня господь[3], пошутил! Какие у меня револьверы[4]! Это я от страха врал[5]! Сделай милость[6], поедем! Мерзну!

Клим, сообразив[7], вероятно, что настоящий разбойник давно бы уж исчез[8] с лошадью и телегой, вышел из лесу и нерешительно подошел к своему пассажиру.

– Ну, чего, дура, испугался? Я... я пошутил, а ты испугался... Садись[9]!

– Бог с тобой[10], барин, – проворчал[11] Клим, влезая[12] в телегу. – Если б знал, и за сто целковых[13] не повез бы. Чуть я не помер[14] от страха...

Клим стегнул по лошаденке. Телега задрожала, Клим стегнул еще раз, и телега покачнулась. После четвертого удара, когда телега тронулась с места, землемер закрыл уши воротником и задумался. Дорога и Клим ему уже не казались опасными.

1885

---

1. **убива́ть/уби́ть (бью́, бьёшь):** *tuer;* э́та но́вость меня́ про́сто убива́ет, *cette nouvelle me pétrifie littéralement.*

2. **шути́ть (чу́, тишь)/пошути́ть:** *plaisanter;* шутни́к, *plaisantin,* вы шу́тите, наде́юсь, *vous plaisantez j'espère?*

3. **накажи́ меня Госпо́дь:** m. à m. *châtie-moi, Seigneur,* de нака́зывать/наказа́ть (жу́, жешь), *châtier;* Преступле́ние и наказа́ние, *Crime et Châtiment.*

4. **каки́е у меня́ револьве́ры** (sous-entendu, **могут быть):** *quels revolvers pourrais-je avoir.*

5. **от стра́ха врал:** m. à m. *j'ai menti par peur,* notez la construction: она пла́кала от ра́дости, *elle pleurait de joie;* он дрожи́т от хо́лода, *il tremble de froid.*

6. **сде́лай ми́лость:** m. à m. *fais-moi cette grâce.*

7. **сообрази́в:** gérondif passé de сообража́ть/сообрази́ть (жу́, зи́шь), *se rendre compte;* ты тут ничего́ не сообража́ешь, *tu n'y comprends rien.*

8. **и́счез:** passé sans suffixe de исчеза́ть/исче́знуть (ну, нешь).

– Klim! C'est toi, mon cher? Partons!

– Tu... tu vas me tuer!

– Mais c'était une plaisanterie, mon bon! Dieu me damne, j'ai plaisanté! Pourquoi veux-tu que j'aie des revolvers sur moi? C'est la peur qui m'a fait inventer ça! Je t'en prie, partons! Je gèle!

Klim, se rendant probablement compte qu'un véritable brigand aurait depuis longtemps disparu avec le cheval et la voiture, sortit des fourrés et s'approcha en hésitant de son passager.

– Allons, pourquoi cette frayeur, nigaud! Je... c'était une plaisanterie! Et toi qui t'es affolé... Monte donc!

– Bon, ça va, barine, grommela Klim en montant dans la carriole. Si j'avais su, je t'aurais pas pris pour cent roubles. J'ai bien failli mourir de peur...

Klim fouetta le petit cheval. La voiture tressaillit. Klim le cingla de nouveau et la voiture oscilla. Après le quatrième coup, lorsque la carriole eut démarré, l'arpenteur cacha ses oreilles dans son col et se plongea dans ses pensées. Ni la route ni Klim ne lui semblaient plus dangereux désormais.

1885

---

9. **сади́ться (жу́сь, ди́шься)/сесть (ся́ду, ся́дешь):** *monter* (littéralement *s'asseoir*) dans une voiture ou tout autre moyen de transport; notez que le terme s'emploie même si l'on voyage debout et compressé, aux heures de pointe par exemple.

10. **Бог с тобо́й:** m. à m. *Dieu soit avec toi* indique qu'on laisse faire tout en approuvant: чёрт с тобо́й, *fais ce que tu voudras, mais tant pis* (réprobation).

11. **ворча́ть (чу́, чи́шь)/проворча́ть:** *maugréer, ronchonner;* ворчу́н, *râleur.*

12. **влеза́я:** gérondif présent de влеза́ть/вле́зть (зу, зешь), *grimper à l'intérieur de.*

13. **целко́вый:** (fam.) syn. de рубль, *rouble.*

14. **чуть я не по́мер:** *j'ai failli mourir;* я чуть не упа́л, *j'ai failli tomber;* помира́ть/помере́ть (мру́, мрёшь), (populaire, *mourir*).

# МЕСТЬ

# VENGEANCE

Лев Саввич Турманов, дюжинный обыватель, имеющий[1] капиталец, молодую жену и солидную[2] плешь, как-то играл на именинах у приятеля[3] в винт. После одного хорошего минуса[4], когда его в пот ударило[5], он вдруг вспомнил, что давно не пил водки. Поднявшись[6], он на цыпочках, солидно покачиваясь, пробрался[7] между столов, прошёл через гостиную, где танцевала молодёжь (тут он снисходительно улыбнулся и отечески похлопал по плечу молодого, жидкого[8] аптекаря), затем юркнул в маленькую дверь, которая вела в буфетную. Тут, на круглом столике, стояли бутылки, графины с водкой... Около них, среди другой закуски[9], зеленея[10] луком и петрушкой, лежала на тарелке наполовину уже съеденная селёдка[11].
Лев Саввич налил себе рюмку, пошевелил в воздухе пальцами, как бы собираясь говорить речь, выпил и сделал страдальческое лицо[12], потом ткнул[13] вилкой в селедку и... Но тут за стеной послышались голоса.

– Пожалуй, пожалуй... – бойко говорил женский голос. – Только когда это будет?

---

1. **имéющий:** participe présent actif de имéть/поимéть, *avoir*.
2. **солúдный:** *solide, respectable, considérable;* солúдный вóзраст, *un âge respectable*.
3. **на именúнах у приятеля:** notez la construction; именúны (pluriel), *fête du saint patron,* de úмя (úмени), *prénom*.
4. **пóсле одногó хорóшего мúнуса:** m. à m. *après un bon moins;* плюсы́ и мúнусы, *les plus et les moins*.
5. **егó в пот удáрило:** de ударя́ть/удáрить, *frapper,* notez la construction impersonnelle qui remonte à l'époque païenne où l'on croyait à l'action d'esprits mystérieux; cf. егó брóсило в дрожь, *il se mit à trembler;* егó осенúло, *il comprit soudain*.
6. **подня́вшись:** gérondif passé de поднимáться/подняться (нúмусь, нúмешься), *se lever*.
7. **пробирáться/пробрáться (беру́сь, берёшься):** *se frayer un chemin;* notez que l'idée de traverser est exprimée ici par le préverbe про à deux reprises dans пробрáлся et прошёл, et par la préposition чéрез.

Lev Savvitch Tourmanov, petit bourgeois moyen possédant un petit capital, une femme jeune et une respectable calvitie, jouait un jour au wint chez un de ses amis qui célébrait sa fête. Lorsque après avoir perdu gros il se sentit tout en sueur, il se rappela soudain qu'il y avait longtemps qu'il n'avait bu de vodka. Il se leva donc et, sur la pointe des pieds, en se dandinant d'un air important, se fraya un passage entre les chaises, traversa le salon où dansait la jeunesse (là, il eut un sourire condescendant et tapota paternellement l'épaule d'un jeune pharmacien maigrelet), puis se faufila prestement par la petite porte qui conduisait au buffet. Il y avait là, sur un guéridon, des bouteilles, des carafes de vodka... A côté, parmi d'autres mets, entre du vert persil et des pousses d'oignon, il restait dans une assiette la moitié d'un hareng. Lev Savvitch se versa un petit verre, agita les doigts en l'air comme s'il s'apprêtait à tenir un discours, vida son verre et prit un air de souffrance, puis il piqua une fourchette dans le hareng et... Des voix, soudain, retentirent derrière la cloison.

– Sans doute, sans doute, disait vivement une voix de femme. Mais quand cela?

---

8. **жи́дкий:** 1) *liquide* 2) (ici) *rare, maigre, inconsistant, de peu d'épaisseur;* жи́дкие во́лосы, *cheveux rares.*
9. **заку́ски:** cf. note 6, p. 88; parmi les mets accompagnant les boissons fortes figure, en place de choix, le *hareng salé,* селёдка.
10. **зеленéя:** gérondif présent de зеленéть (éю, éешь)/зазеленéть, *verdir;* ici, m. à m. *verdissant d'oignon et de persil.*
11. **наполови́ну съéденная селёдка:** m. à m. *un hareng à demi-mangé;* съéденная, participe passé passif de éсть (ем, ешь, ест, еди́м, еди́те, едя́т)/съéсть, *manger;* synonyme, полусъéденная селёдка.
12. **сдéлал страдáльческое лицó:** m. à m. *fit une figure douloureuse;* не дéлай такóе глу́пое лицó, *ne prends pas cet air idiot.*
13. **ткну́л:** passé de ты́кать (ты́чу, ты́чешь)/ткну́ть (ткну́, ткнёшь) + instr. в + acc., *enfoncer qqch. dans.*

«Моя жена, – узнал Лев Саввич. – С кем это она?»

– Когда хочешь, мой друг... – отвечал за стеной густой, сочный бас[1]. – Сегодня не совсем удобно[2], завтра я целешенький[3] день занят...

«Это Дегтярев! – узнал Турманов в басе одного из своих приятелей[4]. – И ты, Брут, туда же[5]! Неужели и его уж подцепила[6]? Экая ненасытная, неугомонная баба[7]! Дня не может продышать[8] без романа!»

– Да, завтра я занят, – продолжал бас. – Если хочешь, напиши мне завтра что-нибудь[9]... Буду рад и счастлив... Только нам следовало бы[10] упорядочить[11] нашу корреспонденцию. Нужно придумать какой-нибудь фокус[12]. Почтой посылать[13] не совсем удобно. Если я тебе напишу, то твой индюк может перехватить[14] письмо у почтальона; если ты мне напишешь, то моя половина получит без меня[15] и наверное распечатает.

– Как же быть[16]?

---

1. **густой:** *épais;* **со́чный:** *juteux,* de сок, *jus.*

2. **не совсе́м удо́бно:** m. à m. *ce n'est pas tout à fait commode;* удо́бный, *commode, confortable.*

3. **целёшенький:** diminutif renforcé de це́лый, *entier;* це́ленький, diminutif usuel; l'accumulation des formes diminutives exprime ici l'attendrissement.

4. **узна́л Турма́нов в ба́се одно́го из свои́х прия́телей:** m. à m. *reconnut Tourmanov un de ses amis dans cette voix de basse;* notez la construction.

5. **и ты Брут, туда́ же:** *tu quoque, mi fili!;* notez la transcription sans désinence de Brutus en Брут.

6. **подцепля́ть/подцепи́ть (плю́, пишь):** *accrocher en supplément;* подцепи́ть ваго́н к соста́ву, *accrocher un wagon au train.*

7. **э́кая ненасы́тная, неугомо́нная ба́ба:** *voyez-moi cette bonne femme insatiable et déchaînée;* ненасы́тный, de сыт, *rassasié;* насыща́ться/насы́титься (усь, тишься), *se rassasier;* неугомо́нный littéralement *incalmable*, se dit, par exemple, d'enfants insupportables; ба́ба, populaire pour же́нщина, *femme.*

8. **дня не мо́жет продыша́ть:** m. à m. *elle ne peut respirer un seul jour sans,* syn. plus courant: дня не мо́жет прожи́ть бе[з]

«Ma femme, identifia Lev Savvitch. Avec qui parle-t-elle donc?»

– Quand tu voudras, ma chérie..., répondit, derrière la cloison, une voix de basse profonde et pleine. Ce n'est guère commode aujourd'hui; demain, je suis occupé toute la sainte journée...

«C'est Degtiariev! songea Tourmanov, reconnaissant, dans la voix de basse, un de ses amis. *Toi aussi, mon fils!* Se peut-il qu'elle l'ait harponné lui aussi? Voyez-moi cette insatiable et déchaînée luronne! Elle ne peut vivre un seul jour sans aventure!»

– Oui, demain, je suis occupé, poursuivait la voix de basse. Si tu veux, écris-moi un mot demain... J'en serai ravi et heureux... mais il serait bon d'arranger notre mode de correspondance. Il nous faut trouver une astuce. Il ne convient guère de l'envoyer par la poste. Si je t'écris, ton dindon pourrait bien intercepter la lettre auprès du facteur; si c'est toi qui m'écris, ma moitié la recevra en mon absence et la décachètera certainement.

– Que faire en ce cas?

---

+ gén., *elle ne peut vivre un seul jour sans...;* дышáть (шý, шешь)/продышáть, *respirer;* про exprime ici l'idée de traverser.

9. **чтó-нибудь:** *qqch., n'importe quoi.*

10. **нам слéдовало бы:** *il conviendrait que nous... de* слéдовать (дую, дует), impersonnel ici; как слéдует, *comme il faut.*

11. **упоря́дочить (чу, чишь)/упоря́дочивать:** *mettre de l'ordre dans;* поря́док, *ordre;* упоря́дочение, *mise en ordre.*

12. **фóкус:** *tour de passe-passe;* фóкусник 1) *prestidigitateur* 2) *farceur.*

13. **посылáть/послáть (шлю́, шлёшь)** + instr.: *envoyer par;* послáть самолётом, *envoyer par avion.*

14. **перехвáтывать/перехвати́ть (чý, тишь):** *intercepter;* перехвáт, *interception.*

15. **полýчит без меня́:** le complément d'objet (его) est sous-entendu; без меня́: littéralement *sans moi.*

16. **как же быть:** m. à m. *comment être,* expression très courante.

– Нужно фокус какой-нибудь придумать. Через прислугу[1] посылать тоже нельзя, потому что твой Собакевич[2] наверное держит в ежовых[3] горничную и лакея... Что, он в карты играет?

– Да. Вечно дуралей, проигрывает!

– Значит, в любви ему везет! – засмеялся Дегтярев. – Вот, мамочка[4], какой фортель я придумал... Завтра, ровно в шесть часов вечера, я, возвращаясь из конторы, буду проходить[5] через городской сад, где мне нужно повидаться[6] со смотрителем. Так вот ты, душа моя, постарайся[7] непременно к шести часам, не позже, положить записочку в ту мраморную вазу, которая, знаешь, стоит налево от виноградной беседки...

– Знаю, знаю...

– Это выйдет[8] и поэтично, и таинственно, и ново... Не узнает ни твой пузан[9], ни моя благоверная[10]. Поняла?

Лев Саввич выпил ещё одну рюмку и отправился[11] к игорному столу[12]. Открытие, которое он только что[13] сделал, не поразило его, не удивило и нимало не возмутило.

---

1. **че́рез прислу́гу:** notez cet emploi de че́рез + acc. au sens de *par l'intermédiaire de ;* я узна́л но́вость че́рез тре́тье лицо́, j'ai appris la nouvelle par une tierce personne.
2. **Собаке́вич:** littéralement *fils de chien,* personnage rustre des *Ames Mortes* de Gogol.
3. **держа́ть в ежо́вых рукави́цах:** m. à m. *tenir avec des moufles en hérisson,* signifie *tenir d'une poigne de fer, tenir la bride haute;* рукави́цах est ici sous-entendu.
4. **ма́мочка:** littéralement *petite maman,* signifie, ici, *ma chérie.*
5. **бу́ду проходи́ть:** *je passerai,* le futur composé indique que le trajet à travers le parc est long et vague.
6. **вида́ться (а́юсь, а́ешься)/повида́ться с** + instr.: *voir qqun;* synonyme; ви́деть (жу, дишь)/уви́деть, transitif; свида́ние, *rendez-vous.*

– Il nous faut trouver une astuce. Nous ne pouvons pas non plus envoyer nos lettres par l'intermédiaire des domestiques, parce que ton Sobakiévitch tient sans doute la bride haute à la femme de chambre et au laquais… Dis-moi, il joue aux cartes?

– Oui. Il perd toujours, le nigaud!

– C'est donc qu'il a de la chance en amour! fit Degtiariev en riant. Voici, mon aimée, ce que j'ai trouvé comme facétie… Demain, à six heures du soir précises, je passerai, en rentrant de mon bureau, par le parc de la ville où je dois rencontrer le garde. Eh bien, mon âme, essaie de mettre sans faute, avant six heures, pas plus tard, un billet dans le vase de marbre, tu sais, à gauche de la treille…

– Je sais, je sais…

– Ce sera à la fois poétique, mystérieux et nouveau… Et ni ton poussah ni ma légitime n'en sauront rien. Tu as compris?

Lev Savvitch but encore un petit verre et se dirigea vers la table de jeu. La découverte qu'il venait de faire ne le frappait pas, ne l'étonnait point et ne l'indignait nullement.

---

7. **стара́ться/постара́ться:** *s'efforcer de;* он стара́ется, *il fait des efforts* (à l'école par exemple); стара́тельный, *appliqué, consciencieux.*

8. **выходи́ть (жу́, дишь)/вы́йти (иду́, идёшь):** signifie *avoir pour résultat, donner,* le préverbe вы exprimant la sortie; ничего́ не вы́йдет, *cela ne donnera rien;* идéя вы́шла блестя́щей, *l'idée s'avéra brillante..*

9. **пуза́н:** *ventru, bedonnant,* de пу́за, *bedaine.*

10. **благове́рный (ная):** signifie *époux (épouse)* avec une emphase ironique.

11. **отправля́ться/отпра́виться (влюсь, вишься) к** + dat.: *s'en aller vers,* l'accent étant mis sur le fait de partir, alors que направля́ться/напра́виться к + dat., synonyme ici, insiste davantage sur la direction.

12. **иго́рный стол:** *table de jeu,* de игра́, *jeu.*

13. **то́лько что:** *à l'instant;* вы давно здесь?… я только что пришёл, *vous êtes là depuis longtemps? – Je viens d'arriver.*

Время, когда он возмущался, устраивал сцены, бранился и даже дрался[1], давно уже прошло; он махнул рукой и теперь смотрел на романы своей ветреной супруги сквозь пальцы[2]. Но ему всё-таки было неприятно. Такие выражения, как индюк, Собакевич, пузан и пр., покоробили[3] его самолюбие.

«Какая же, однако, каналья этот Дегтярев! – думал он, записывая[4] минусы. – Когда встречается на улице, таким милым другом прикидывается[5], скалит зубы[6] и по животу гладит, а теперь, поди-ка[7], какие пули отливает[8]! В лицо[9] другом величает[10], а за глаза я у него и индюк и пузан...».

Чем больше он погружался в свои противные минусы, тем тяжелее становилось чувство обиды...

«Молокосос... – думал он, сердито ломая мелок. – Мальчишка... Не хочется только связываться[11], а то я показал бы тебе Собакевича[12]!»

За ужином он не мог равнодушно видеть физиономию Дегтярева, а тот, как нарочно, неотвязчиво приставал к нему с вопросами[13]: выиграл ли он? отчего он так грустен? и прочь.

---

1. **дра́ться (деру́сь, дерёшься)/подра́ться:** *se battre;* драчу́н, *bagarreur;* дра́ка, *bagarre*.

2. **смотре́ть (трю, ишь)/посмотре́ть сквозь па́льцы на** + acc.: m. à m. *regarder qqch. à travers ses doigts, fermer les yeux sur*.

3. **коро́бить (блю, бишь)/покоро́бить:** 1) *tordre* 2) *susciter un sentiment désagréable;* меня коро́бит от э́той сце́ны, *cette scène me remplit d'horreur*.

4. **запи́сывая:** gérondif présent de запи́сывать/записа́ть (шу́, шешь); ми́нусы: *les moins*.

5. **прики́дываться/прики́нуться (нусь, нешься)** + instr.: *faire semblant;* он прики́нулся больны́м, *il se fit porter malade;* он прики́дывается дурако́м, *il fait l'imbécile*.

6. **ска́лить(лю, лишь)/оска́лить зу́бы:** 1) *découvrir ses dents, retrousser les babines* 2) (fig.) *rire* (nuance péjorative).

7. **поди́-ка:** syn. ici смотри́-ка, *voyez-moi un peu*.

8. **пу́ли отлива́ть/отли́ть (лью, льёшь):** m. à m. *fabriquer* (fondre) *des balles,* signifie *dire des mensonges, des bobards*.

Les temps où il s'offensait, faisait des scènes, vitupérait et se battait même étaient révolus de longue date, il s'était résigné et, à présent, fermait les yeux sur les aventures de sa frivole épouse. Mais il éprouvait cependant un sentiment désagréable. Des termes tels que dindon, Sobakiévitch, poussah et autres froissaient son amour-propre.

«Quelle canaille tout de même que ce Degtiariev! songeait-il en inscrivant ses pertes. Lorsque je le rencontre dans la rue, il fait l'ami très cher, rit de toutes ses dents et me caresse le ventre et, à présent, voyez-moi les boniments qu'il raconte! En face, il me dit son ami mais derrière mon dos, il me traite de dindon et de poussah...»

Plus il avançait dans le compte écœurant de ses points perdus, plus ce sentiment d'outrage lui devenait pénible...

«Blanc-bec!.. songeait-il en cassant la craie avec colère. Gamin... Je ne veux pas d'histoires, sans quoi je te l'aurais fait voir, ton Sobakiévitch!»

Durant le dîner, il ne put regarder sereinement le visage de Degtiariev, or ce dernier, comme par un fait exprès, ne cessait de le presser de questions: avait-il gagné, pourquoi était-il si triste, etc.

---

9. **в лицó:** *en face* ≠ за глазá, *en l'absence* de.
10. **величáть(-áю, áешь):** (vieilli) *nommer, appeler;* cérémonieux ou campagnard aujourd'hui.
11. **не хóчется тóлько свя́зываться:** m. à m. *je n'ai pas envie de m'accrocher avec lui;* не свя́зывайся с ним, *ne te frotte pas à lui;* свя́зываться/связáться (жýсь, жешься) ≠ отвя́зываться/отвязáться; отвяжи́сь! *fiche-moi la paix!*
12. **я показáл бы тебé Собакéвича:** *je te ferai voir Sobakiévitch;* notez les expressions: я покажý тебе Кýзькину мать, *je vais t'en faire voir;* я покажý тебé где рáки зимýют, même sens, m. à m. *je te ferai voir où les écrevisses passent l'hiver.*
13. **неотвя́зчиво приставáл к немý с вопрóсами:** m. à m. *l'assaillait importunément de questions;* приставáть (аю́, аёшь)/пристáть (áну, áнешь) с + instr.: *importuner;* что ты пристаёшь к человéку?, *laisse cette personne tranquille.*

И даже имел нахальство[1], на правах[2] доброго знакомого, громко пожурить его супругу за то, что та плохо заботится[3] о здоровье мужа. А супруга, как ни в чем не бывало, глядела на мужа маслеными глазками[4], весело смеялась, невинно болтала, так что сам черт не заподозрил бы её в неверности.

Возвратясь[5] домой, Лев Саввич чувствовал себя злым и неудовлетворенным, точно[6] он вместо телятины съел за ужином старую калошу. Быть может, он пересилил[7] бы себя и забылся[8], но болтовня супруги и её улыбки каждую секунду напоминали ему про индюка, гуся, пузана...

«По щекам бы его, подлеца, отхлопать[9]... – думал он. – Оборвать[10] бы его публично».

И он думал, что хорошо бы теперь побить Дегтярева, подстрелить его на дуэли как воробья... спихнуть[11] с должности или положить в мраморную вазу что-нибудь неприличное, вонючее – дохлую[12] крысу, например... Недурно[13] бы женино письмо заранее выкрасть из вазы, а вместо него положить какие-нибудь скабрезные стишки с подписью «твоя Акулька» или что-нибудь в этом роде.

---

1. **наха́льство:** *aplomb, culot;* наха́л, *effronté, goujat.*
2. **на права́х** + gén.: *ayant des droits de;* на права́х отца́, *fort de ses droits de père;* на пти́чьих права́х, *sans pratiquement aucuns droits.*
3. **забо́титься (чусь, тишься)/позабо́титься о** + loc.: *prendre soin de, se soucier de;* не́кому о ней позабо́титься, *il n'y a personne pour s'occuper d'elle.*
4. **ма́сленные глаза́:** m. à m. *des yeux d'huile,* exprime douceur et sensualité; ма́сленный го́лос, *voix mielleuse.*
5. **возвратя́сь:** gérondif présent de возврати́ться (щусь, тишься), imperfectif: возвраща́ться, *rentrer;* возвраще́ние, *retour.*
6. **то́чно;** syn. ici как бу́дто, *comme si.*
7. **пере́силивать/переси́лить (лю, лишь) себя́:** *se dominer,* de си́ла, *force;* le préverbe пépe exprime l'idée de *dépasser.*

Et il eut même l'impudence, fort de ses droits d'ami, de réprimander bien haut son épouse pour veiller si mal sur la santé de son conjoint. Celle-ci, quant à elle, regardait son mari d'un œil mielleux, comme si de rien n'était, riait gaiement, bavardait innocemment, de sorte que le diable lui-même ne l'eût pas soupçonnée d'infidélité.

En rentrant chez lui, Lev Savvitch se sentit irrité et insatisfait comme s'il avait mangé, au lieu de veau, un vieux caoutchouc pour le dîner. Peut-être se fût-il dominé et eût- il tout oublié, mais le bavardage de son épouse et ses sourires lui rappelaient, à chaque instant, le dindon, le jars et le poussah...

«Il faudrait le gifler, ce scélérat... songeait-il. Le confondre publiquement.»

Et il se disait qu'il eût été bon, à présent, de frapper Degtiariev, de le tirer en duel comme un moineau... de le faire vider de ses fonctions ou de jeter dans le vase de marbre quelque chose d'inconvenant et de nauséabond – un rat crevé, par exemple... Il ne serait pas mauvais non plus de subtiliser à l'avance dans le vase la lettre de sa femme et d'y mettre, à la place, des vers scabreux quelconques signés «ton Akoulka chérie» ou autre chose du genre.

---

8. **забыва́ться/забы́ться (бу́дусь, дешься):** forme réfléchie de забыва́ть/забы́ть, *oublier,* signifie *s'assoupir, se distraire, oublier complètement;* забве́ние, *oubli.*
9. **по щека́м хло́пать/отхло́пать:** m. à m. *frapper sur les joues, gifler;* хло́пать рука́ми, *battre des mains;* noter: хло́пать глаза́ми, уша́ми, *rester là sans rien comprendre.*
10. **обрыва́ть/оборва́ть (рву́, рвёшь):** 1) *casser, déchirer* 2) *interrompre, brusquer.*
11. **спи́хивать/спихну́ть (ну́, нёшь):** *chasser de, expulser* (de ses fonctions) (fam.).
12. **до́хлый:** 1) *crevé* (fam.); cf. мёртвый, *mort,* поги́бший, *mort tragiquement;* поги́бший за ро́дину, *mort pour la patrie;* 2) до́хлый au fig. signifie également *faiblard,* до́хлое де́ло, *une entreprise vouée à l'échec.*
13. **неду́рно:** *pas mal;* она́ недурна́ (собо́й), *elle n'est pas mal.*

Долго Турманов ходил по спальной[1] и услаждал себя[2] подобными мечтами. Вдруг он остановился и хлопнул себя по лбу.

– Нашел, браво! – воскликнул он и даже просиял от удовольствия. – Это выйдет отлично[3]! О-отлично!

Когда уснула его супруга, он сел за стол и после долгого раздумья, коверкая[4] свой почерк и изобретая грамматические ошибки, написал следующее: «Купцу Дулинову. Милостивый Государь! Если к шести часам вечера сиводня[5] 12-го сентября в мраморную вазу, что находица[6] в городском саду налево от виноградной беседки, не будит[7] положено вами двести рублей, то вы будете убиты и ваша галантирейная лавка[8] взлетит на воздух[9]». Написав такое письмо, Лев Саввич подскочил от восторга.

– Каково[10] придумано, а? – бормотал он, потирая руки. – Шикарно! Лучшей мести сам сатана[11] не придумает! Естественно, купчина[12] струсит и сейчас же донесет полиции, а полиция засядет к шести часам в кусты – и цап-царап[13] его, голубчика, когда он за письмом полезет[14]!..

---

1. **ходи́л по спа́льной:** *arpenta la chambre à coucher;* notez ce sens de по marquant un mouvement désordonné.
2. **услажда́ть/услади́ть (жу́, ди́шь) себя** (ou forme réfléchie) + instr.: syn. de наслажда́ться/наслади́ться, *se délecter*.
3. **э́то вы́йдет отли́чно:** m. à m. *le résultat sera excellent.*
4. **коверка́я:** gérondif présent de коверка́ть/исковерка́ть, *abîmer, déformer.*
5. **сиво́дня:** déformation de сего́дня en orthographe phonétique.
6. **нахо́дица:** idem pour нахо́дится.
7. **не бу́дит:** idem pour не бу́дет; не бу́дет поло́жено ва́ми, forme passive, m. à m. *ne sera pas mis par vous,* style commercial et ampoulé.
8. **галантире́йная ла́вка:** pour галантере́йная ла́вка, *boutique de mercerie,* terme joliment formé sur le français «galanterie».
9. **взлети́т на во́здух:** de взлета́ть/взлете́ть (чу́, ти́шь),

Tourmanov arpenta longtemps la chambre en se délectant de rêves semblables. Et soudain, il s'arrêta en se frappant le front.

– J'ai trouvé, bravo! s'exclama-t-il, et il en rayonna même de plaisir. L'effet sera excellent! Excellent!

Lorsque son épouse se fut endormie, il s'assit à son bureau et, après une longue réflexion, déformant son écriture et inventant des fautes de grammaire, il écrivit ceci: «Au marchand Doulinov. Cher monsieur, si, à six heures du soire, aujourd'hui 12 septembre, vous n'avai pas mis deux cents roubles dans le vase de marbre qui se trouve dans le parc de la ville, à gauche de la tonel de vigne, vous serai tué et votre boutique de merceurie sautera.» Ayant écrit cette lettre, Lev Savvitch bondit d'enthousiasme.

– Bien trouvé, hein? marmonnait-il en se frottant les mains. Parfait! Satan lui-même n'aurait imaginé meilleure vengeance. Bien entendu, cet animal de marchand aura la frousse et s'en ira incontinent tout rapporter à la police, et celle-ci ira se poster, à six heures, dans les buissons – et clac! se saisira du cher homme quand il voudra prendre la lettre.

---

m. à m. *s'envolera dans les airs,* c'est-à-dire *explosera;* взлёт, *envol* (d'un avion, d'une fusée); взлётная полосá, *terrain de décollage.*

10. **каковó;** *comment trouvez-vous cela?* каковá? *Comment la trouvez-vous* (d'une jolie femme, par exemple)?

11. **сатанá:** *satan* (racine latine); un des nombreux noms du diable plus couramment appelé чёрт (racine slave), дья́вол (racine latine) ou désigné superstitieusement par la périphrase нечи́стая си́ла, *une force impure.*

12. **купчи́на:** augmentatif de купéц, *marchand.*

13. **цап царáп:** onomatopée désignant un coup de griffe; Цап Царáпыч, nom couramment donné aux chats dans les histoires.

14. **за письмóм полéзет:** *voudra attraper la lettre;* лезть/полéзть, лезть за + instr., *chercher quelque chose* de difficile à prendre; лезть в шкаф за вáзой, *chercher un vase dans l'armoire* (le vase est soit placé en hauteur, soit bien rangé).

– То-то[1] струсит! Пока дело выяснится, так успеет, каналья, и натерпеться[2] и насидеться[3]… Браво!

Лев Саввич прилепил[4] марку к письму и сам снес его в почтовый ящик. Уснул он с блаженнейшей[5] улыбкой и спал так сладко[6], как давно уже не спал. Проснувшись утром и вспомнивши[7] свою выдумку, он весело замурлыкал[8] и даже потрогал[9] неверную жену за подбородочек. Отправляясь[10] на службу и потом сидя в канцелярии, он все время улыбался и воображал себе ужас Дегтярева, когда тот попадает в западню…

В шестом часу[11] он не выдержал и побежал в городской сад, чтобы воочию[12] полюбоваться отчаянным положением врага[13].

«Ага!» – подумал он, встретив городового.

Дойдя[14] до виноградной беседки, он сел под куст и, устремив жадные взоры на вазу, принялся[15] ждать. Нетерпение его не имело пределов.

Ровно в шесть часов показался Дегтярев. Молодой человек был, по-видимому, в отличнейшем расположении духа.

---

1. **то-то:** (langage parlé) *c'est alors que, c'est là que.*
2. **натерпéться (плю́сь, пишься):** perfectif, *mettre sa patience à l'épreuve jusqu'à satiété;* cf. нае́сться, *manger à satiété;* cf. note 3.
3. **насидéться (жу́сь, ди́шься):** même sens du préverbe et de la forme réfléchie; *rester assis* ou *enfermé* jusqu'à saturation; notez que сидéть peut signifier non pas être assis littéralement, mais *être privé de sa liberté de mouvement, être en prison* (ici); он сидéл пять лет, *il a fait cinq ans de prison;* кто целый день с ребёнком сиди́т? *Qui garde le bébé toute la journée?*
4. **лепи́ть (плю, пишь)/прилепи́ть к** + dat.: *coller sur;* le préverbe при exprime ici l'addition.
5. **блаженнéйшая;** forme superlative de блажéнный, littéralement *le plus bienheureux* (des sourires).
6. **слáдко спать:** *dormir d'un doux sommeil;* слáдкий 1) *sucré* 2) *doux, cher.*
7. **вспóмнивши:** gérondif passé de вспоминáть/вспóмнить, *se rappeler.*

Il va en avoir, une frousse! Et le temps que l'affaire soit tirée au clair, il aura eu, la canaille, son content de tourments et de prison... bravo!

Lev Savvitch colla un timbre à la lettre et la porta lui-même à la boîte. Il s'endormit avec le plus béat des sourires et dormit délicieusement bien, comme il ne l'avait fait de longtemps. En se réveillant, au matin, et se souvenant de son idée, il se mit à fredonner gaiement et tapota même le menton de son infidèle épouse. En partant à son travail puis assis à son bureau, il ne cessa de sourire en imaginant l'horreur de Degtiariev lorsqu'il tomberait dans l'embuscade...

Après cinq heures, n'y tenant plus, il courut au jardin public afin de contempler de ses propres yeux la situation désespérée de son ennemi.

– Aha, fit-il en rencontrant le sergent de ville.

Lorsqu'il atteignit la treille, il s'assit sous un buisson et, fixant un regard avide sur le vase, se mit à attendre. Et son impatience n'avait pas de bornes.

A six heures précises, Degtiariev parut. Le jeune homme semblait d'excellente humeur.

---

8. **мурлы́кать/замурлы́кать:** 1) *ronronner,* (Му́рка est un nom de chat), *fredonner* (ici).
9. **потро́гал за подборо́дочек:** m. à m. *toucha à son petit menton;* même construction de за + acc. dans взять за́ руку, *prendre par la main.*
10. **отправля́ясь:** gérondif présent de отправля́ться cf. note 11, p. 149.
11. **в шесто́м часу́:** m. à m. *dans la 6e heure.*
12. **воо́чию;** adverbe formé sur о́ко (pl. о́чи), *œil,* et signifiant *de ses propres yeux.*
13. **полюбова́ться отча́янным положе́нием врага́:** m. à m. *contempler la situation désespérée de l'ennemi;* любова́ться (бу́юсь, бу́ешься)/полюбова́ться + instr., *admirer.*
14. **дойдя́:** gérondif présent de доходи́ть (жу́, дишь)/дойти́ (ду́, дёшь) до + gén., *aller jusqu'à;* notez l'expression: до вас дошло́? *vous avez compris, m. à m. la chose est-elle arrivée jusqu'à vous?*
15. **принима́ться/приня́ться (мусь, мешься) за** + infinitif.: *se mettre à.*

Цилиндр его ухарски сидел на затылке[1] и из-за распахнувшегося[2] пальто вместе с жилеткой, казалось, выглядывала[3] сама душа. Он насвистывал и курил сигару…

«Вот сейчас узнаешь[4] индюка да Собакевича! – злорадствовал[5] Турманов. – Погоди[6]!»

Дегтярев подошел к вазе и лениво сунул[7] в нее руку… Лев Саввич приподнялся и впился в него глазами[8]… Молодой человек вытащил из вазы небольшой пакет, оглядел его со всех сторон и пожал плечами, потом нерешительно распечатал, опять пожал плечами и изобразил[9] на лице своем крайнее недоумение; в пакете[10] были две радужные бумажки!

Долго осматривал Дегтярев эти бумажки. В конце концов, не переставая пожимать плечами, он сунул их в карман и произнес: «Merci!»

Несчастный Лев Саввич слышал это «merci». Целый вечер потом стоял он против[11] лавки Дулинова, грозился[12] на вывеску[13] кулаком и бормотал в негодовании:

– Трррус! Купчишка[14]! Презренный Кит Китыч[15]! Тррус! Заяц толстопузый!..

1886

---

1. **на затылке:** m. à m. *sur sa nuque*.
2. **распахну́вшегося:** participe passé actif de распа́хиваться/распахну́ться (ну́сь, нёшься): *s'ouvrir tout grand;* notez l'expression душа́ на распа́шку, *le cœur sur la main*.
3. **выгля́дывать/выгляде́ть (жу́, ди́шь) из-за** + gén.: *regarder par une petite ouverture ou en se cachant,* le préverbe вы exprimant l'idée de sortie; луч со́лнца выгля́дывает из-за ту́чи, *un rayon de soleil se montre derrière un nuage.*
4. **узна́ешь:** attention à l'accent.
5. **злора́дствовать (вую, вюешь):** imperfectif, *se réjouir du malheur d'autrui.*
6. **погоди́:** populaire pour подожди́, *attends.*
7. **сова́ть (сую́, суёшь)/ су́нуть (ну, нешь):** *fourrer, enfoncer;* что ты всю́ду суёшь свой нос? *pourquoi fourres-tu ton nez partout?*

Son haut-de-forme était crânement posé en arrière sur sa tête, et son manteau, largement ouvert, semblait laisser voir jusqu'à son âme en même temps que son gilet.

Il sifflotait et fumait un cigare.

– Tu vas les voir sous peu, le dindon et Sobakiévitch, fit Tourmanov avec une joie mauvaise. Attends un peu!

Degtiariev s'approcha du vase et y plongea paresseusement la main. Lev Savvitch se redressa légèrement, le dévorant des yeux... Le jeune homme tira du vase un petit paquet, l'examina sous toutes ses coutures et haussa les épaules, puis le décacheta d'un geste incertain, haussa de nouveau les épaules et exprima sur son visage une stupéfaction extrême: le paquet contenait deux billets irisés.

Degtiariev examina longtemps ces papiers. Puis, finalement, sans cesser de hausser les épaules, il les fourra dans sa poche en prononçant: «merci!»

Le malheureux Lev Savvitch entendit ce «merci». Et toute la soirée qui suivit, il demeura planté en face de la boutique de Doulinov, menaçant du poing l'enseigne et grommelant, indigné:

– Froussard! Marchand de pacotille! Vil Cachalot! Froussard! Lièvre bedonnant!..

1886

---

8. **впи́лся в него́ глаза́ми:** m. à m. *enfonça en lui ses yeux,* de впиться (вопью́сь, вопьёшься)/впива́ться; впиться зуба́ми в мя́со, *enfoncer ses dents dans un morceau de viande.*
9. **изобража́ть/изобрази́ть (жу́, ди́шь):** *représenter;* изобрази́тельные иску́сства, *arts plastiques.*
10. **паке́т:** 1) *paquet;* 2) (moderne) *carton* (de lait, de kéfir) 3) *sachet en plastique.*
11. **про́тив:** ici syn. de напро́тив, *en face.*
12. **грози́ться (жу́сь, зи́шься)/погрози́ться** + instr.: на + acc., *menacer;* грози́ться кулако́м, *menacer du poing.*
13. **вы́веска:** *enseigne,* m. à m. *ce qui est suspendu* (пове́сить) *dehors* (вы).
14. **купчи́шка:** diminutif méprisant de купе́ц, *marchand.*
15. **Кит Ки́тыч:** m. à m. *Baleine fils de baleine,* marchand sans scrupules dans la pièce d'Ostrovski *Coupables sans délit.*

# НЕОСТОРОЖНОСТЬ

# IMPRUDENCE

Петр Петрович Стрижин, племянник полковницы Ивановой, тот самый, у которого в прошлом году украли[1] новые калоши[2], вернулся с крестин[3] ровно в два часа ночи. Чтобы не разбудить своих, он осторожно разделся в передней, на цыпочках[4], чуть дыша[5], пробрался к себе в спальню и, не зажигая[6] огня, стал готовиться ко сну[7].

Стрижин ведет жизнь трезвую[8] и регулярную, выражение лица у него душеспасительное[9], книжки он читает только духовно-нравственные[10], но на крестинах от радости, что Любовь Спиридоновна благополучно разрешилась от бремени[11], он позволил себе выпить четыре рюмки водки и стакан вина, напоминавшего[12] своим вкусом что-то среднее между уксусом и касторовым маслом. Горячие же напитки[13] подобны морской воде или славе: чем больше пьешь, тем сильнее жаждешь… И теперь, раздеваясь, Стрижин чувствовал непреодолимое[14] желание выпить.

«У Дашеньки, кажется[15], есть водка в шкапу[16], в правом углу, – думал он. – Если я выпью одну рюмку, то она не заметит».

---

1. **красть (краду́, дёшь)/укра́сть у** + gén.: *voler;* у меня́ укра́ли бу́сы, *on m'a volé mon collier.*
2. **кало́ши:** *caoutchoucs,* revêtement amovible en caoutchouc noir qui s'emboîte sur le bas des bottes de feutre.
3. **крести́ны:** *baptême;* крёстный, *parrain,* (ou vieilli, кум); кре́стник ou крёстный сын, *filleul;* кре́стница ou крёстная дочь, *filleule,* крёстная ou, vieilli, кума́, *marraine.*
4. **на цы́почках:** *sur la pointe des pieds;* на коле́нях, *à genoux;* на ко́рточках, *accroupi.*
5. **чуть дыша́:** *respirant à peine;* чуть, чуть, *juste un peu;*дыша́: gérondif présent de дыша́ть (шу́, шешь), *respirer.*
6. **зажигая:** gérondif présent de зажига́ть/заже́чь (жгу, жжёшь), *allumer.*
7. **гото́виться ко сну:** m. à m. *se préparer au sommeil;* меня ко сну кло́нит, *j'ai sommeil.*
8. **трезвый:** *sobre* ≠ пья́ный; тре́звый взгляд на жизнь, *une vue réaliste des choses.*

Piotr Pétrovitch Strijine, neveu de la colonelle Ivanova, celui-là même à qui, l'année précédente, on avait volé des caoutchoucs neufs, rentra d'un baptême à deux heures du matin précises. Pour ne pas réveiller les siens, il se déshabilla avec précaution dans l'entrée et, sur la pointe des pieds, retenant son souffle, gagna sa chambre puis, sans allumer la lumière, se prépara à se coucher.

Strijine menait une vie sobre et régulière, son visage avait une expression sereine et édifiante, il ne lisait que des livres hautement moraux, mais, au baptême, tout à sa joie de l'heureuse délivrance de Lioubov Spiridonovna, il s'était permis de boire quatre petits verres de vodka et un verre de vin dont le goût évoquait quelque chose d'intermédiaire entre le vinaigre et l'huile de ricin. Or, ces boissons échauffantes sont semblables à l'eau de mer ou à la gloire, plus on en boit, plus on a soif… Et à présent, en se dévêtant, Strijine éprouvait un désir irrépressible de boire.

«Je crois que Dachenka a de la vodka dans son armoire, dans le coin de droite, songea-t-il. Si j'en bois un petit verre, elle ne le remarquera pas.»

---

9. **душеспаси́тельное:** m. à m. *salvateur de l'âme,* ironique ici.
10. **духо́вно-нра́вственный:** m. à m. *spirituel et moral.*
11. **благополу́чно разреши́лась от бре́мени:** m. à m. *s'était heureusement délivrée de son fardeau,* c'est-à-dire *avait accouché;* бре́мя, *fardeau;* бере́менная, *enceinte.*
12. **напомина́вшего:** participe passé actif de напомина́ть/напо́мнить, *rappeler;* ne pas confondre avec запомина́ть/запо́мнить, *se rappeler.*
13. **горя́чие напи́тки:** *boissons chaudes;* ici, *boissons alcoolisées.*
14. **непреодоли́мое:** *insurmontable;* même éthymologie que l'adjectif français; de преодолева́ть/преодоле́ть (е́ю, е́ешь), *surmonter.*
15. **ка́жется:** m. à m. *il semble,* de каза́ться (жу́сь, жешься)/показа́ться.
16. **шкап:** ancien pour шкаф, *armoire.*

После некоторого колебания, пересилив[1] свой страх, Стрижин направился к шкапу. Отворив[2] осторожно дверцу, он нащупал[3] в правом углу бутылку и рюмку, налил, поставил бутылку на место, потом перекрестился и выпил. И тотчас же произошло нечто вроде[4] чуда. Со страшной силой, точно бомбу, Стрижина вдруг отбросило[5] от шкафа к сундуку. В глазах его засверкало[6], дыхание сперло, по всему телу пробежало такое ощущение[7], как будто он упал в болото, полное пьявок. Ему показалось, что вместо водки он проглотил кусок динамита, который взорвал[8] его тело, дом, весь переулок... Голова, руки, ноги – все оторвалось[9] и полетело куда-то[10] к черту, в пространство...

**Минуты три он лежал на сундуке неподвижно, не дыша, потом поднялся и спросил себя:**

**– Где я?**

**Первое, что он ясно ощутил, придя в себя[11], это был резкий[12] запах керосина.**

**– Батюшки мои, это я вместо[13] водки керосину выпил! – ужаснулся[14] он. – Святители угодники[15]!**

**От мысли, что он отравился, его бросило и в холод и в жар[16].**

---

1. **пересúлив:** gérondif passé de пересúливать/пересúлить.
2. **отворя́ть/отворúть:** *ouvrir qqch. de fermé à clé,* syn. отпирáть/отперéть (отопрý, отопрёшь).
3. **нащýпывать/нащýпать:** *trouver à tâtons.*
4. **нéчто врóде** + gén.: *qqch. comme;* врóде, *du genre de;* что-то врóде русáлки появúлось в тумáне, *qqch. comme une ondine apparut dans le brouillard.*
5. **отбрóсило:** notez la forme impersonnelle; m. à m. *qqch. rejeta soudain Strijine,* de отбрáсывать/отбрóсить (шу, сишь).
6. **сверкáть/засверкáть:** *étinceler.*
7. **такóе ощущéние, как бýдто:** m. à m. *une telle sensation comme si.*
8. **взрывáть/взорвáть (рвý, рвёшь):** *faire exploser.*
9. **отрывáть/оторвáть (рвý, рвёшь):** *détacher,* le préverbe от indique l'éloignement tandis que dans взрывáть, воз marque

Après quelques hésitations, surmontant sa peur, Strijine se dirigea vers l'armoire. Il en ouvrit précautionneusement la porte, trouva à tâtons dans le coin de droite une bouteille et un petit verre, remplit le verre, remit la bouteille en place, se signa et but. Et immédiatement, il se produisit une sorte de prodige. Une force terrible, comme celle d'une bombe, projeta tout à coup Strijine de l'armoire sur le coffre. Des étincelles dansaient devant ses yeux, il avait le souffle coupé et son corps tout entier éprouvait la sensation d'être tombé dans un marais empli de sangsues. Il avait l'impression d'avoir avalé, au lieu de vodka, un morceau de dynamite qui avait fait exploser son corps, la maison et toute la ruelle... Sa tête, ses bras et ses jambes, tout s'était détaché pour s'envoler quelque part au diable, dans l'espace.

Près de trois minutes durant, il demeura immobile sur le coffre, sans respirer, puis il se leva et se demanda:

«Où suis-je?»

La première chose qu'il perçut clairement en revenant à lui fut une forte odeur de pétrole.

«Seigneur, c'est que j'ai bu du pétrole au lieu de vodka, songea-t-il avec effroi. O saints bienheureux!»

A l'idée qu'il s'était empoisonné, tantôt il était pris de frissons, tantôt il brûlait de fièvre.

---

le mouvement ascendant.

10. **кудá-то:** *quelque part* à un endroit bien précis mais que l'on ignore.

11. **придя́ в себя́:** gérondif présent de приходи́ть (жу́, дишь)/ прийти́ (ду́, дёшь) в себя́, *revenir à soi.*

12. **рéзкий:** 1) *fort, brusque;* рéзкий вéтер, *vent violent;* 2) *insolent, rude;* рéзкий отвéт, *une réponse insolente.*

13. **вмéсто** + gén.: *à la place de;* сходи́ вмéсто меня́ в теáтр, *va au théâtre à ma place.*

14. **ужасáться/ужасну́ться (ну́сь, нёшся):** de у́жас *terreur, horreur;* э́то ужáсно, *c'est affreux.*

15. **святи́тели угóдники:** *les plus grands saints* (qui ont su plaire à Dieu); *saints* se dit ordinairement святы́е.

16. **егó брóсило и в хóлод, и в жар:** m. à m. *il était jeté et dans le froid, et dans la fièvre.*

Что яд был действительно принят, свидетельствовали, кроме запаха в комнате, жжение[1] во рту, искры в глазах, звон колоколов в голове и колотье[2] в желудке. Чувствуя приближение смерти и не обманывая[3] себя напрасными надеждами, он пожелал проститься с близкими и отправился в спальню Дашеньки. (Будучи[4] вдовым, он у себя в квартире[5] держал вместо хозяйки[6] свою свояченицу[7] Дашеньку, старую деву[8]).

– Дашенька! – сказал он плачущим[9] голосом, входя в спальню. – Дорогая Дашенька!

Что-то заворочалось в потемках и испустило глубокий вздох.

– Дашенька!

– А? Что? – быстро заговорил женский голос. – Это вы, Петр Петрович? Уже вернулись? Ну, что? Как назвали девочку? Кто был кумой[10]?

– Кумой была Наталья Андреевна Великосветская[11], а кумом – Павел Иваныч Бессонницын[12]... Я... я, Дашенька, кажется, умираю. А новорожденную назвали Олимпиадой в честь ихней[13] благодетельницы[14]... Я... я, Дашенька, выпил керосину...

---

1. **жжéние:** *fait de brûler,* de жéчь (жгý, жжёшь)/сжéчь, *brûler;* ожóг, *brûlure.*

2. **колотьё:** *douleur aiguë,* de колоти́ть, *frapper, secouer;* егó от стрáха колóтит, *il est secoué de peur.*

3. **не обмáнывая:** gérondif présent de обмáнывать/обманýть (ну, нешь) + instr. *tromper.*

4. **бýдучи:** gérondif présent de быть; ne pas confondre avec бýдущий, *futur;* быть вдовы́м, *être veuf;* вдовéц, *veuf* (n.).

5. **у себя́ в кварти́ре:** m. à m. *chez lui dans l'appartement;* у меня́ в спáльне, *dans ma chambre.*

6. **хозя́йка:** *ménagère, maîtresse de maison;* хозя́йка мéдной горы́, *la reine de la Montagne de Cuivre* (conte de l'Oural); хозя́йство, *économie.*

7. **своя́ченица:** *belle-sœur,* plus exactement sœur d'une épouse dont le *mari* se dit своя́к; les différents liens de parenté par alliance sont exprimés en russe par une multitude de termes très précis dans lesquels, bien souvent, les Russes eux-mêmes s'embrouillent.

Le poison avait effectivement été absorbé, en témoignaient, outre l'odeur dans la chambre, une sensation de brûlure dans sa bouche, les étincelles qu'il voyait danser, un son de cloche dans sa tête et une douleur aiguë à l'estomac. Sentant l'approche de la mort et sans se leurrer par des espoirs inutiles, il désira dire adieu à ses proches et s'en fut à la chambre de Dachenka. (Etant veuf, il logeait dans sons appartement, en qualité de maîtresse de maison, sa belle-sœur Dachenka qui était vieille fille.)

– Dachenka, dit-il d'une voix pleurarde en entrant dans sa chambre, chère Dachenka!

Quelque chose se retourna dans l'obscurité et émit un profond soupir.

– Dachenka!

– Hein? Quoi? dit précipitamment une voix féminine. C'est vous, Piotr Pétrovitch? Vous êtes déjà rentré? Eh bien, comment a-t-on appelé la petite fille? Qui était la marraine?

– La marraine était Natalia Andréïevna Vélikosvetskaïa et le parrain Pavel Ivanovitch Bessonitsyne. je... je... Dachenka, je crois que je suis en train de mourir. La nouveau-née a été appelée Olympiada en l'honneur de leur bienfaitrice... je... Dachenka, j'ai bu du pétrole...

---

8. **ста́рая де́ва:** *vieille fille.*
9. **пла́чущим:** participe présent actif de пла́кать (чу, чешь) *pleurer;* attention, пла́кучая и́ва, *saule pleureur.*
10. **кум:** cf. note 3, p. 162.
11. **Великосве́тская:** de све́тский, *mondain;* све́тская да́ма, une *femme du monde.*
12. **Бессо́нницын:** de бессо́нница, *insomnie;* сон, *sommeil, rêve,* со́нный, *endormi.*
13. **и́хний:** (populaire) notez la double déclinaison: une désinance est accolée à un pronom déjà décliné.
14. **благоде́тельница:** *bienfaitrice;* благоде́тель, *bienfaiteur,* même éthymologie que le terme français.

– Вот еще! Нешто[1] там подавали[2] керосин?

– Признаться[3], я хотел, не спросясь вас[4], водки выпить, и... и бог наказал: по нечаянности я в потемках керосину выпил... Что мне делать?

Дашенька, услышав, что без её разрешения отворяли шкап, оживилась... Она быстро зажгла свечку, прыгнула с постели и в одной сорочке[5], весноватая, костлявая, в папильотках, зашлепала[6] босыми ногами к шкафу.

– Кто же йто вам позволил? – спросила она строго, оглядывая внутренность шкафа. – Нешто водка для вас поставлена[7]?

– Я... я, Дашенька, пил не водку, а керосин... – пробормотал Стрижин, отирая[8] холодный пот.

– А зачем вам керосин трогать[9]? Разве это ваше дело? Для вас он поставлен? Или, по-вашему[10], керосин денег не стоит? А? Да вы знаете, почем[11] теперь керосин? Знаете?

– Дорогая Дашенька! – простонал Стрижин. – Вопрос идет о жизни и смерти, а вы о деньгах!

– Напился пьяный[12] и в шкап сует свой нос[13]! – крикнула Дашенька, сердито хлопнув дверцей.

---

1. **нéшто:** (populaire), déformation de неýжто, syn. неужéли, *est-ce que par hasard*.
2. **подавáть (аю́, аёшь)/подáть (дáм, дáшь):** *servir* (un plat) барáнину подаю́т с фасóлью: *le mouton se sert avec des haricots*.
3. **признáться:** notez la forme infinitive; *à tout avouer*.
4. **не спрося́сь вас:** populaire pour не спрося́ вас, gérondif présent de спрáшивать/спроси́ть (шý, сишь).
5. **в однóй сорóчке:** *vêtue d'une seule chemise;* в сорóчке, *portant une chemise;* он роди́лся в сорóчке, *il est né coiffé.*
6. **шлёпать/зашлёпать:** m. à m. *marcher en faisant «flop!»* («шлёп» en russe); шлёпанцы, *pantoufles* en forme de mules qui claquent quand on marche.
7. **постáвлена:** participe passé passif de поставля́ть/постáвить (влю, вишь), *placer;* m. à m. *la vodka est-elle rangée là pour vous?;* постáвь кни́гу на мéсто, *range ce livre à sa place.*

– Et puis quoi encore? Est-ce qu'on a servi du pétrole chez eux?

– Je dois avouer que j'ai voulu, sans vous le demander, boire de la vodka et... Dieu m'a puni: par inadvertance, j'ai bu du pétrole dans le noir... Que dois-je faire?

Dachenka, en entendant que l'armoire avait été ouverte sans sa permission, s'anima...

Elle alluma rapidement une bougie, sauta de son lit en chemise – couverte de taches de rousseur, osseuse, des papillotes sur la tête – et gagna l'armoire en faisant claquer ses pieds nus.

– Qui donc vous l'a permis? demanda-t-elle sévèrement en inspectant l'intérieur de l'armoire. Cette vodka est-elle là pour vous?

– Je... je n'ai pas bu de la vodka, Dachenka, mais du pétrole, marmonna Strijine en essuyant une sueur froide.

– Et pourquoi avez-vous touché au pétrole? Est-ce votre affaire? Est-il là pour vous? Ou croyez-vous que le pétrole ne coûte rien? Hein? Savez-vous au moins combien coûte à présent le pétrole? Le savez-vous?

– Chère Dachenka, gémit Strijine. Il s'agit de vie ou de mort, et vous me parlez d'argent!

– Il s'est soûlé et le voilà qui a mis son nez dans l'armoire! s'écria Dachenka en claquant la porte avec colère.

---

8. **отира́я:** gérondif présent de отира́ть/отере́ть (тру́, трёшь) syn. обтере́ть (тру́, трёшь), *essuyer;* le préverbe о (об) indiquant ici le mouvement circulaire.

9. **тро́гать/тро́нуть (ну, нешь):** *toucher,* не тро́гайте меня́! *ne me touchez pas!;* я тро́нут, *je suis touché.*

10. **по-ва́шему:** *selon vous;* по-мо́ему, тут всё объясни́мо, *à mon avis, tout s'explique.*

11. **почём:** *combien* s'agissant d'un prix; почём я́блоки? *combien les pommes?* mais notez: ему́ всё нипочём, *il se moque de tout.*

12. **напи́лся пья́ный:** notez la redondance; он напи́лся *il est ivre* (ou bien *il a bu*); пья́ный, *ivre.*

13. **нос сова́ть (сую́, суёшь) в** + acc.: *fourrer son nez;* не су́йте нос в мои́ дела́, *ne mettez pas le nez dans mes affaires.*

– О, изверги[1], мучители! Страдалица я, несчастная, ни днем, ни ночью покою! Аспиды[2] василиски[3], ироды окаянные, чтоб вам на том свете так жилось[4]! Завтра же съезжаю! Я девица[5] и не позволю вам стоять передо мною в одном нижнем белье[6]! Вы не смеете глядеть на меня[7], когда я не одета!

И пошла, и пошла[8]... Зная, что рассерженную[9] Дашеньку не уймешь[10] ни мольбами[11], ни клятвами, ни даже пальбой[12] из пушек, Стрижин махнул рукой, оделся и решил сходить[13] к доктору. Но доктора легко найти только тогда, когда он не нужен. Избегав[14] три улицы и позвонившись[15] раз пять к доктору Чепхарьянцу и семь раз к доктору Бултыхину, Стрижни побежал в аптеку: авось[16] поможет аптекарь. Тут, после долгого ожидания, к нему вышел[17] маленький, чернявый[18] и кудрявый фармацевт[19], заспанный[20], в халате и с таким серьезным и умным лицом, что даже стало страшно.

---

1. **и́зверг:** *monstre; tortionnaire;* signifiait à l'origine: изве́ргнутый из челове́ческого о́бщества, *exclu de la société humaine.*
2. **а́спид:** *aspic, vipère.*
3. **васили́ск:** *basilic* (dans la mythologie); la vieille demoiselle a l'imagination fleurie.
4. **чтоб вам на том све́те так жило́сь:** m. à m. *que vous viviez ainsi dans l'autre monde.*
5. **деви́ца:** *jeune fille* non mariée; ста́рая дева, *vieille fille.*
6. **ни́жнее бельё:** m. à m. *linge de dessous,* sous-vêtements.
7. **вы не сме́ете гляде́ть на меня́:** m. à m. *vous n'oserez pas me regarder;* сметь (е́ю, е́ешь)/посме́ть, *oser;* не сме́й подойти́! *N'approche pas!*
8. **и пошла́, и пошла́:** *et elle y allait, et elle y allait;* donne l'idée d'un torrent qui coule sans qu'on puisse l'arrêter.
9. **рассе́рженную:** participe passé passif de серча́ть/рассерча́ть: syn. рассерди́тую de серди́ть (жу́, дишь)/рассерди́ть.
10. **унима́ть/уня́ть (уйму́, уймёшь):** *calmer;* уйми́тесь, наконе́ц! *calmez-vous enfin!*

Oh, bourreaux, tortionnaires! Je suis une malheureuse, une martyre, je n'ai de repos ni le jour ni la nuit! Vipères, basilics, monstres maudits, je vous en souhaite autant dans l'autre monde! Je pars dès demain. Je suis demoiselle et ne vous permettrai pas de rester devant moi en chemise! N'ayez pas l'impudence de me regarder lorsque je ne suis pas habillée!

Et de débiter ses invectives à n'en plus finir... Sachant que, lorsque Daria était en colère, rien ne pouvait la calmer, ni prières, ni serments, ni même des coups de canon, Strijine eut un geste d'impuissance, s'habilla et décida d'aller consulter un médecin. Mais un médecin n'est facile à trouver que lorsqu'on n'en a pas besoin. Après avoir parcouru trois rues et sonné près de cinq fois chez le docteur Tchepkhariants et sept fois environ chez le docteur Boultykhine, Strijine courut à la pharmacie: peut-être le pharmacien lui viendrait-il en aide. Et là, après une longue attente, parut un petit pharmacien noiraud, bouclé, tout endormi, en blouse et au visage si sérieux et intelligent que la peur le prit.

---

11. **мольба́:** *prière (supplication);* моли́тва, *prière* (religieuse): моли́ться, *prier.*
12. **пальба́:** *tir* (d'une arme à feu); de пали́ть/вы́палить, *tirer à coups répétés.*
13. **сходи́ть (жу́, дишь) к** + dat.: cf. note 9, p. 47.
14. **избега́в:** gérondif passé de избега́ть/избежа́ть (гу́, жи́шь), 1) *parcourir* (ici) 2) *éviter.*
15. **позвони́вшись:** gérondif passé de звони́ть/позвони́ть, *sonner;* la forme réfléchie est familière ici.
16. **аво́сь:** *peut-être;* notion fondamentale de la réalité russe; аво́ська, *filet à provisions* (qui servira peut-être); ру́сский аво́сь, m. à m. *le peut-être russe,* confiance dans le destin.
17. **к нему́ вы́шел:** m. à m. *sortit vers lui; vint le trouver;* выходи́ ко мне́: *viens me parler.*
18. **черня́вый:** de чёрный, *noir.*
19. **фармаце́вт:** (mot d'origine latine) terme scientifique pour апте́карь(-я), (mot d'origine allemande), *pharmacien.*
20. **за́спанный:** *tout endormi,* participe passé passif de засыпа́ть/заспа́ть (сплю́, спи́шь).

– Вам что угодно? – спросил он тоном, каким могут говорить только очень умные и солидные[1] фармацевты иудейского вероисповедания[2].

– Ради бога... прошу вас! – проговорил Стрижин, задыхаясь[3]. – Дайте мне чего-нибудь[4]... Я сейчас по нечаянности керосину[5] выпил! Умираю!

– Прошу вас не волноваться и отвечать на вопросы, которые я буду вам задавать. Уже один тот факт, что вы волнуетесь, не дозволяет мне понимать вас. Вы выпили керосину? Да-а?

– Да, керосину! Спасите, пожалуйста!

Фармацевт хладнокровно и серьезно подошел к конторке[6], раскрыл книгу и погрузился[7] в чтение. Прочитав[8] две страницы, он пожал[9] одним плечом, потом другим, состроил презрительную гримасу[10] и, подумав[11], вышел в смежную комнату. Часы пробили четыре. И когда они показывали десять минут пятого[12], фармацевт вернулся с другой книгой и опять погрузился в чтение.

– Гм! – сказал он, как бы недоумевая[13]. – Уже один тот факт[14], что вы чувствуете себя нехорошо, нужно[15], чтоб вы обратились не в аптеку, а к врачу.

---

1. **соли́дный:** *sérieux, à qui on peut faire confiance, conséquent;* соли́дный во́зраст *un âge certain,* э́то не соли́дно, *ce n'est pas sérieux.*

2. **вероисповеда́ние:** *confession religieuse,* ве́ра *foi;* испове́дать *professer.*

3. **задыха́ться/задохну́ться (ну́сь, нёшься):** *étouffer.*

4. **да́йте мне чего́-н.:** *donnez-moi qqch.,* on peut dire aussi: да́йте мне что-н.; чего? *quoi?* (plus familier que что?).

5. **кероси́ну:** gén. partitif; cf. вы́пить ча́ю, во́дки *boire du thé, de la vodka.*

6. **конто́ра:** *bureau;* конто́рка, *comptoir, pupitre.*

7. **погружа́ться/погрузи́ться (жу́сь, зи́шься) в** + acc.: *se plonger dans;* лес погрузи́лся в тума́н, *la forêt est plongée dans le brouillard.*

8. **прочита́в:** gérondif passé de прочи́тывать/прочита́ть *lire de bout en bout,* le préverbe про exprimant l'idée de traversée.

– Que désirez-vous? demanda l'apothicaire d'un ton qui ne pouvait être que celui d'un pharmacien très intelligent et posé, de confession judaïque.

– Au nom du ciel, je vous en prie! dit Strijine d'une voix entrecoupée. Donnez-moi quelque chose... Je viens de boire du pétrole par inadvertance! Je meurs!

– Je vous prie de ne pas vous émouvoir et de répondre aux questions que je vais vous poser. Le seul fait que vous soyez agité m'empêche de vous comprendre. Vous avez bu du pétrole? Oui?

– Oui, du pétrole. Sauvez-moi, s'il vous plaît!

Le pharmacien s'en fut, très calme et sérieux, à son comptoir, ouvrit un livre et se plongea dans la lecture. Après avoir lu deux pages, il haussa une épaule, puis l'autre, fit une grimace de mépris et, au bout d'un instant de réflexion, s'en fut dans la pièce attenante. L'horloge sonna quatre heures. Et lorsqu'elle indiqua quatre heures dix, le pharmacien revint avec un autre livre et, de nouveau, s'abîma dans la lecture.

– Hum! dit-il comme perplexe. Le seul fait que vous vous sentiez mal, il convient que vous vous adressiez non pas dans une pharmacie mais à un médecin.

---

9. **пожимáть/пожáть (жмý, жмёшь):** *serrer,* пожать рýку *serrer la main,* пожáть плечáми, *hausser les épaules,* notez que плéчи, est à l'instr.

10. **стрóить/пострóить гримáсы:** *faire des grimaces;* syn. стрóить рóжи; стрóить, signifie *construire.*

11. **подýмав:** gérondif passé; cf. note 14, p. 69.

12. **дéсять минýт пятого:** m. à m. *dix minutes de la 5ᵉ heure; quatre heures dix;* чéтверть трéтьего, *deux heures et quart.*

13. **недоумевáя:** gérondif présent de недоумевáть. *être perplexe,* littéralement *ne pas arriver au niveau requis avec son cerveau;* syn. быть в недоумéнии.

14. **оди́н тот факт:** m. à m. *seul le fait,* однó то обстоя́тельство... *la seule circonstance...*

15. **нýжно:** la construction ici est incorrecte; *le seul fait..., il faut...:* le pharmacien parle mal le russe; cf. plus loin, кáждая собáке, кáждый кóшке, au lieu de кáждая собáка, кáждая кóшка.

– Но я уже был у докторов! Не дозвонился[1]!

– Гм... Вы нас, фармацевтов, не считаете за[2] людей и беспокойте даже в четыре часа ночи, а каждая собаке, каждый кошке имеет покой... Вы ничего не желаете понимать, и, по-вашему, мы не люди и в нас нервы должен быть[3], как веровка[4].

Стрижин выслушал[5] фармацевта, вздохнул[6] и пошел домой.

«Стало быть, суждено[7] умереть!» – думал он.

А во рту у него[8] горело и пахло керосином, в желудке резало, в ушах раздавалось: бум, бум, бум! Каждую минуту ему казалось, что конец его уже близок, что сердце его уже не бьется...

Придя[9] домой, он поспешил написать: «Прошу в моей смерти никого не винить[10]», потом помолился богу, лег и укрылся[11] с головой. До утра он не спал и ждал[12] смерти, и все время ему мерещилось[13], как его могила[14] покрывается молодою зеленью и как над нею щебечут[15] птички...

---

1. **дозва́ниваться/дозвони́ться (ню́сь, ни́шься):** m. à m. *sonner jusqu'au bout* c'est-à-dire jusqu'à ce qu'on ouvre ou qu'on réponde (au téléphone); я ему́ звони́л, не дозвони́лся, *je l'ai appelé au téléphone, mais sans le trouver.*
2. **счита́ть/посчита́ть за** + acc. ou instr. sans préposition: *considérer comme;* он меня́ счита́ет за идио́та, *il me prend pour un imbécile;* syn. он меня́ счита́ет идио́том.
3. **не́рвы до́лжен быть:** incorrect, il faudrait не́рвы должны́ быть.
4. **веро́вка:** incorrect pour верёвка, *corde.*
5. **выслу́шивать/вы́слушать:** m. à m. *écouter jusqu'au bout,* выслу́шайте меня́ внима́тельно, *écoutez attentivement ce que j'ai à vous dire.*
6. **вздохну́л:** de вздыха́ть/вздохну́ть (ну́, нёшь), *soupirer,* le suffixe ну indique que l'action n'a lieu qu'une fois.
7. **суждено́** + dat.: désigne ce qui est rendu inévitable par le destin; мне суждено́ здесь прожи́ть свою́ жизнь, *je vais devoir passer ma vie ici,* ему́ суждено́ бы́ло ра́но умере́ть, *il devait mourir jeune.*
8. **во рту́ у него́:** *dans sa bouche;* notez la construction; de

– Mais je suis déjà allé voir les médecins! Personne n'a ouvert!

– Hum... Nous autres, pharmaciens, vous ne nous considérez pas comme des humains et vous nous dérangez même à quatre heures du matin, alors que même le chien et la chat peuvent se reposer... Vous ne voulez rien comprendre et, pour vous, nous ne sommes pas des hommes et devons avoir les nerfs comme cortes.

Strijine écouta le discours du pharmacien, soupira et s'en fut.

– Mon destin est donc de mourir, songea-t-il.

Or, sa bouche le brûlait et sentait le pétrole, la douleur déchirait son estomac et, dans ses oreilles, il entendait boum! boum! boum! Et, à chaque instant, il avait l'impression que sa fin était proche et que déjà son cœur ne battait plus...

En rentrant chez lui, il se hâta d'écrire: «Je demande que l'on n'accuse personne de ma mort», puis il pria Dieu, se coucha et se couvrit la tête de sa couverture. Il demeura ainsi jusqu'au matin sans dormir, à attendre la mort, et il lui semblait voir sans cesse sa tombe se couvrir de jeunes pousses tandis qu'au-dessus gazouillaient des oiseaux...

---

même на голове́ у него́ была́ стра́нная шля́па, *il avait sur la tête un drôle de chapeau.*

9. **придя́:** gérondif présent de прихо́дить (жу́, дишь)/прийти́ (ду́, дёшь) *arriver.*

10. **вини́ть в** + loc.: *accuser de* (imperfectif).

11. **укрыва́ться/укры́ться (кро́юсь, кро́ешься) с голово́й:** m. à m. *se cacher avec la tête.*

12. **жда́ть (жду́, ждёшь)** + gén. attendre: чего́ ты ждёшь? *qu'est-ce que tu attends?*

13. **мерещи́ться/померещи́ться** + dat.: fam. s'emploie à la forme impersonnelle; ему́ мере́щится, *il s'imagine que.*

14. **моги́ла:** *tombe;* загна́ть в моги́лу, *pousser dans la tombe;* зе́лень, *verdure.*

15. **щебета́ть (чу́, чешь):** 1) *gazouiller* 2) *bavarder;* подру́ги щебета́ли до утра́, *les amies bavardèrent jusqu'au matin;* щёбет, *gazouillis.*

А утром он сидел на кровати и, улыбаясь[1], говорил Дашеньке:

– Кто ведет правильную и регулярную жизнь[2], дорогая сестрица[3], того никакая отрава не возьмет[4]. Вот хоть бы меня взять в пример[5]. Был я на краю погибели[6], умирал[7], мучился, а теперь ничего. Только во рту пожгло[8] и в глотке саднит[9], а все тело здорово, слава богу[10]... А отчего? Потому что регулярная жизнь.

– Нет, это значит – керосин плохой! – вздыхала Дашенька, думая о расходах[11] и глядя в одну точку[12]. – Значит, лавочник мне дал не лучшего, а того, что полторы копейки фунт[13]. Страдалица я, несчастная, изверги-мучители, чтоб вам на том свете так жилось, ироды окаянные...

И пошла, и пошла...

1887

---

1. **улыба́ясь:** gérondif présent de улыба́ться/улыбну́ться (ну́сь, нёшься).
2. **вести́ пра́вильную жизнь:** *mener une vie convenable;* он ведёт распу́тную жизнь, *il mène une vie dissolue;* пра́вильный, *juste, correct.*
3. **сестри́ца:** diminutif affectueux de сестра́; on dit aussi сестрёнка.
4. **никака́я отра́ва не возьмёт:** m. à m. *aucun poison ne le prendra;* его пу́ля не берёт, *il passe entre les balles.*
5. **хотя́ бы меня́ взять в приме́р:** m. à m. *au moins à me prendre moi en exemple;* сле́дуйте его́ приме́ру, *suivez son exemple.*
6. **на краю́ погибе́ли:** ou на краю́ ги́бели, *au bord de l'abîme;* m. à m. *au bord de sa perte.*
7. **умира́л:** l'imperfectif indique que Strijine était en train de mourir; он умира́ет, *il agonise.*
8. **во рту́ пожгло́:** notez la forme impersonnelle, m. à m. *ça m'a brûlé dans la bouche.*

Au matin, il était assis dans son lit et disait à Dachenka en souriant:

– Ceux qui mènent une vie convenable et régulière, ma chère sœur, aucun poison ne peut en venir à bout. Prenons mon cas, par exemple. J'étais à deux doigts de ma perte, j'agonisais, je souffrais atrocement et à présent ça va. J'ai seulement la bouche brûlée et la gorge qui me cuit mais tout mon corps est sain, grâce à Dieu... Et pourquoi? Parce que je mène une vie régulière.

– Non, cela signifie que le pétrole est mauvais, soupira Dachenka, les yeux fixes, songeant aux dépenses. Cela signifie que le boutiquier m'a donné non pas le meilleur mais celui à un kopeck et demi la livre. Je suis une malheureuse, une martyre, bourreaux et tortionnaires que vous êtes, et je vous en souhaite autant dans l'autre monde, monstres maudits...

Et de débiter ses invectives à n'en plus finir...

1887

---

9. **в глóтке саднúт:** même construction qu'en note 8; *j'ai la gorge irritée.*
10. **слáва Бóгу:** m. à m. *gloire à Dieu;* слáва нáшему нарóду, *gloire à notre peuple.*
11. **расхóды:** *dépenses;* расхóдовать (ую, уешь)/израсхóдовать, *dépenser;* дохóды, *revenus.*
12. **глядéть (жý, дúшь)/смотрéть (ю́, ишь) в однý тóчку:** m. à m. *regarder un point unique, fixer un point dans l'espace.*
13. **фунт:** *livre,* d'emploi rare à l'heure actuelle.

# ДРАМА

# LE DRAME

– Павел Васильич[1], там какя-то[2] дама пришла, вас спрашивает, – доложил Лука. – Уж целый час дожидается[3]...

Павел Васильевич только что позавтракал. Услыхав[4] о даме, он поморщился[5] и сказал:

– Ну ё к черту[6]! Скажи, что я занят[7].

– Она, Павел Васильич, уже пять раз приходила[8]. Говорит, что очень нужно вас видеть... Чуть не плачет[9].

– Гм... Ну, ладно, проси её[10] в кабинет.

Павел Васильевич не спеша надел сюртук, взял в одну руку перо, в другую – книгу и, делая вид, что он очень занят, пошел в кабинет. Там уже ждала его гостья – большая полная дама[11] с красным, мясистым[12] лицом и в очках[13], на вид весьма почтенная и одетая больше чем прилично[14] (на ней был[15] турнюр с четырьмя[16] перехватами и высокая шляпка с рыжей птицей). Увидев хозяина, она закатила[17] под лоб глаза и сложила молитвенно[18] руки.

---

1. **Васи́льич:** familier, pour Васи́льевич.
2. **какая-то:** une dame que Louka ne connaît pas.
3. **це́лый час дожида́ется:** acc. de durée, *toute une heure;* дожида́ться/дожда́ться (жду́сь, ждёшься), *attendre jusqu'à un résultat;* le préverbe до indique que l'on atteint son but; **я** тебя́ вчера́ не дождала́сь и ушла́, *je t'ai attendu hier mais je suis parti avant ton retour.*
4. **услы́хав:** gérondif passé de услыха́ть (ы́шу, ы́шишь), populaire pour услы́шать (шу, шишь), *entendre;* э́то неслы́ханно, *c'est inouï.*
5. **мо́рщиться/помо́рщиться:** *plisser le front, faire la grimace;* морщи́на, *ride.*
6. **ну её к чёрту:** m. à m. *tant pis, on l'envoie au diable.*
7. **я за́нят:** *je suis occupé,* participe passé passif de занима́ть/заня́ть (займу́, займёшь): э́то ме́сто за́нято? *cette place est occupée?*
8. **приходи́ла:** l'imperfectif indique ici la répétition de l'action et son non-achèvement.
9. **чуть не пла́чет:** *elle pleure presque;* я чуть не упа́л, *j'ai failli tomber;* чуть, *à peine.*

– Pavel Vassiliévitch, une dame est venue qui vous demande, annonça Louka. Voilà une heure qu'elle attend...

Pavel Vassiliévitch venait de finir son petit déjeuner. En entendant parler d'une dame, il fit la grimace et dit:

– Qu'elle aille au diable! Dis-lui que je suis occupé.

– Pavel Vassiliévitch, elle est déjà venue cinq fois. Elle dit qu'elle doit absolument vous voir... Elle pleure presque.

– Hum... Bon, prie-la d'entrer dans mon cabinet.

Pavel Vassiliévitch endossa sans hâte sa redingote, prit d'une main un porte-plume, de l'autre un livre et, l'air très occupé, entra dans son cabinet. La visiteuse l'y attendait déjà, une grande dame replète au visage rouge et charnu, portant des lunettes, d'aspect très honorable et d'une mise plus que correcte (elle portait une tournure à quatre pinces et un haut chapeau orné d'un oiseau roux). Apercevant le maître des lieux, elle leva les yeux sous ses paupières et joignit les mains dans un geste de prière.

---

10. **проси́ её:** (sous-entendu войти́), *prie-la d'entrer;* прошу́! *entrez.*
11. **по́лная да́ма:** *une grosse dame* (m. à m. *une dame pleine);* Вас украша́ет полнота́, *la corpulence vous embellit.*
12. **мяси́стый:** *charnu,* de мя́со *viande;* mais мясно́е блю́до, *un plat de viande.*
13. **в очка́х:** *portant des lunettes;* notez la préposition в + loc.
14. **оде́тая бо́льше, чем прили́чно:** m. à m. *vêtue plus que convenablement;* оде́тая, participe passé passif de одева́ть/оде́ть (де́ну, де́нешь); она́ оде́та по после́днему кри́ку мо́ды, *elle est habillée à la dernière mode.*
15. **на ней был:** *elle portait;* m. à m. *il y avait sur elle,* notez l'expression.
16. **четырьмя́:** instr. de четы́ре, *quatre.*
17. **зака́тывать/закати́ть (чу́, тишь) глаза́;** *rouler les yeux vers le haut* en signe d'émotion intense; закати́ть исте́рику, *piquer une colère.*
18. **моли́твенно:** de моли́тва, *prière.*

– Вы, конечно, не помните меня, – начала она высоким мужским тенором, заметно волнуясь[1]. – Я... я имела удовольствие познакомиться с вами у Хруцких... Я – Мурашкина[2]...

– А-а-а... мм... Садитесь! Чем могу быть полезен?

– Видите ли, я... я... – продолжала дама, садясь[3] и еще более волнуясь. – Вы меня не помните... Я – Мурашкина... Видите ли, я большая поклонница[4] вашего таланта и всегда с наслаждением читаю ваши статьи... Не подумайте, что я льщу[5], – избави бог[6], – я воздаю только должное[7]... Всегда, всегда вас читаю! Отчасти[8] я сама не чужда авторства[9], то есть, конечно... я не смею[10] называть себя писательницей[11], но... всё-таки и моя капля меда есть в улье... Я напечатала разновременно[12] три детских рассказа[13], – вы не читали, конечно... много переводила и... и мой покойный брат работал в «Деле».

– Так-с...э-э-э... Чем могу быть полезен[14]?

– Видите ли... (Мурашкина потупила глаза и зарумянилась[15].)

---

1. **волну́ясь:** gérondif présent de волнова́ться (у́юсь, у́ешься) взволнова́ться.
2. **Мура́шкина:** de мура́шка, diminutif de мураве́й, *fourmi;* у меня́ мура́шки по спине́ бе́гают, *j'ai des fourmis dans le dos.*
3. **садя́сь, волну́ясь:** gérondif présent de сади́ться (жусь, дишься)/сесть (ся́ду, ся́дешь) et волнова́ться (ну́юсь, ну́ешься)/взволнова́ться.
4. **покло́нница:** покло́нник, 1) *adepte, adorateur* 2) *soupirant;* покло́н, *profond salut;* cf. note 3, p. 40.
5. **льсти́ть (льщу́, льсти́шь)/польсти́ть:** *flatter;* льсти́ть себя́ наде́ждой, *se bercer d'espoirs.*
6. **изба́ви Бог** ou **изба́вь Бог:** *Dieu m'en préserve.*
7. **воздава́ть (даю́, даёшь)/возда́ть (да́м, да́шь) до́лжное:** m. à m. *rendre son dû.*
8. **отча́сти:** *en partie:* часть(-и) *partie;* части́чно, *partiellement.*

– Vous ne vous souvenez pas de moi, bien entendu, commença-t-elle d'une voix de ténor aiguë, avec une émotion visible. Je… j'ai eu le plaisir de faire votre connaissance chez les Khroutski… Je m'appelle Mourachkina.

– A-ah… hum… asseyez-vous. En quoi puis-je vois être utile?

– Voyez-vous, je… je…, poursuivit la dame, en s'asseyant et avec une émotion accrue. Vous ne vous souvenez pas de moi… Je m'appelle Mourachkina… Voyez-vous, je suis une grande admiratrice de votre talent et je lis toujours vos articles avec délectation… N'allez pas croire que je veuille vous flatter. – Dieu m'en préserve – je ne fais que vous rendre justice… Je lis tous vos écrits, toujours! Moi-même, j'ai eu la faiblesse d'écrire un peu, c'est-à-dire que, bien entendu… je n'aurai pas l'audace de me qualifier d'écrivain, mais… j'apporte tout de même ma goutte de miel à la ruche… J'ai édité en plusieurs temps trois récits pour enfants – vous ne les avez pas lus, bien entendu – …j'ai beaucoup fait de traductions et… et feu mon frère travaillait à *La Cause*.

– Bien… eu… En quoi puis-je vous être utile?

– Voyez-vous… (Mourachkina baissa les yeux et le rouge lui monta aux joues).

---

9. **я не чуждá áвторства:** m. à m. *je ne suis pas étrangère au fait d'être auteur;* чýждый + dat., *étranger à.*
10. **сметь (éю, éешь)/посмéть:** *oser.*
11. **писáтельница:** féminin de писáтель(-я), *écrivain.*
12. **разновремéнно:** littéralement *en des temps divers;* одновремéнно, *simultanément.*
13. **три дéтских расскáза:** *trois récits pour enfants;* notez la déclinaison de l'adjectif au gén. pluriel après три.
14. **чем могý быть полéзен:** *en quoi puis-je vous être utile,* même construction qu'en français; полéзный est à la forme courte.
15. **румя́ниться/зарумя́ниться:** 1) *rougir aux joues;* румя́на, *rouge aux joues* 2) *dorer;* румя́ный пирóг, *gâteau doré.*

Я знаю ваш талант... ваши взгляды, Павел Васильевич, и мне хотелось бы узнать ваше мнение, или, вернее... попросить совета. Я, надо вам сказать, pardon pour l'expression, разрешилась от бремени[1] драмой, и мне, прежде чем посылать её в цензуру, хотелось бы узнать ваше мнение[2].

Мурашкина нервно, с выражением пойманной птицы[3], порылась у себя в платье[4] и вытащила большую жирную[5] тетрадищу[6].

Павел Васильевич любвил только свои статьи, чужие[7] же, которые ему предстояло прочесть[8] или прослушать, производили на него всегда впечатление пушечного жерла, направленного[9] ему прямо в физиономию[10]. Увидев тетрадь, он испугался и поспешил сказать:

– Хорошо, оставьте... я прочту.

– Павел Васильевич! – сказала томно Мурашкина, поднимаясь и складывая[11] молитвенно руки. – Я знаю, вы заняты[12]... вам каждая минута дорога, и я знаю, вы сейчас в душе[13] посылаете меня к черту, но... будьте добры, позвольте мне прочесть[14] вам мою драму сейчас... Будьте милы!

---

1. **разреши́ться от бре́мени:** cf. note 11, p. 163.
2. **знать/узна́ть чьё-то мне́ние о** + loc.: *connaître l'avis de qqun. sur...*
3. **по́йманная пти́ца:** m.à m. *un oiseau capturé;* по́йманная participe passé passif de пойма́ть, *attraper,* l'imperfectif, лови́ть (влю́, вишь) signifiant *s'efforcer d'attraper.*
4. **поры́лась у себя́ в пла́тье:** m. à m. *fouilla chez elle dans sa robe,* notez la construction.
5. **жи́рный:** 1) *gras;* жи́рное пятно́, *tache de graisse;* 2) *épais;* жи́рная черта́, *trait épais, appuyé.*
6. **тетра́дище:** augmentatif de тетра́дь (и), *cahier.*
7. **чужо́й:** *étranger;* чужи́е статьи́, *les articles des autres;* чужи́е де́ньги, *l'argent d'autrui;* пиджа́к с чужо́го плеча́, *une veste héritée de qqun d'autre.*
8. **проче́сть, прослу́шивать:** *lire entièrement et écouter jusqu'au bout;* le préverbe про donne l'idée de traverser.

Je connais votre talent… vos conceptions, Pavel Vassiliévitch, et je voudrais connaître votre avis ou, plus exactement, vous demander conseil. Je dois vous dire, *pardon pour l'expression*, que j'ai donné naissance à un drame et que, avant de l'envoyer à la censure, je désirerais connaître votre avis.

Nerveusement, avec une expression d'oiseau captif, Mourachkina fouilla dans sa robe et en tira un imposant cahier, grand et gros.

Pavel Vassiliévitch n'aimait que ses propres articles, quant à ceux des autres, ceux qu'il devait lire ou entendre, ils lui faisaient l'effet d'une gueule de canon dirigée droit sur son visage. A la vue du cahier, il prit peur et se hâta de dire:

– Entendu, laissez-le… je le lirai.

– Pavel Vassiliévitch, dit Mourachkina d'une voix languissante en se levant et joignant les mains en un geste de prière, vous êtes occupé, je le sais… chaque minute vous est précieuse et je sais qu'en ce moment, en votre for intérieur, vous m'envoyez au diable mais… ayez cette bonté… permettez-moi de vous lire mon drame maintenant… Soyez gentil!

---

9. **напра́вленного:** participe passé passif de направля́ть/напра́вить (влю, вишь) *diriger;* направле́ние, *direction.*
10. **физионо́мия:** familier pour лицо́; сейча́с ты у меня́ по физионо́мии полу́чишь, *tu vas prendre un coup en pleine figure, tu vas voir.*
11. **скла́дывая:** gérondif présent de скла́дывать/сложи́ть (жу, жишь), *ranger, plier.*
12. **я зна́ю, вы за́няты:** *je sais que vous êtes occupé.* Notez l'absence de conjonction entre les deux propositions; les liens logiques entre les propositions ou phrases ne sont pas toujours exprimés en russe; il convient de les rétablir dans la traduction française.
13. **в душе:** m. à m. *dans votre âme.*
14. **проче́сть (чту́, чтёшь):** perfectif de прочита́ть, cf. note 2; Pavel Vassiliévitch n'échappera pas à une lecture de bout en bout.

– Я очень рад… – замялся[1] Павел Васильевич, – но, сударыня[2], я… я занят… Мне… мне сейчас ехать нужно.

– Павел Васильевич! – простонала барыня, и глаза её наполнились[3] слезами. – Я жертвы прошу! Я нахальна, я назойлива, но будьте великодушны! Завтра я уезжаю в Казань, и мне сегодня хотелось бы знать ваше мнение. Подарите мне полчаса вашего внимания[4]… только полчаса! Умоляю вас!

Павел Васильевич был в душе тряпкой[5] и не умел отказывать. Когда ему стало казаться, что барыня собирается зарыдать[6] и стать на колени, он сконфузился[7] и забормотал растерянно:

– Хорошо-с, извольте… я послушаю[8]… Полчаса я готов.

Мурашкина радостно вскрикнула, сняла шляпку и, усевшись[9], начала читать. Сначала она прочла о том[10], как лакей и горничная, убирая[11] роскошную гостиную, длинно говорили[12] о барышне Анне Сергеевне, которая построила в селе школу[13] и больницу.

---

1. **замя́ться (мну́сь, мнёшься):** perfectif, *s'embrouiller* sous l'effet de la confusion.

2. **су́дарь(я), суда́рыня:** *monsieur, madame,* terme respectueux autrefois, il n'est plus employé aujourd'hui qu'avec ironie.

3. **наполня́ться/напо́лниться** + instr.: *se remplir de;* по́лный, *plein.*

4. **полчаса́ внима́ния:** *une demi-heure d'attention;* внима́ние, говори́т Москва́! *Attention! ici Moscou;* я прошу́ пять мину́т внима́ния, *je demande cinq minutes d'attention.*

5. **был в душе́ тря́пкой:** *était dans l'âme une lavette;* тря́пка, *chiffon,* au figuré *lavette, chiffe molle.*

6. **зарыда́ть:** *éclater en sanglots,* perfectif de рыда́ть, *sangloter;* cf. note 13, p. 65.

7. **конфу́зиться/сконфу́зиться:** du français *confus, être embarrassé.*

– Je suis très heureux..., dit Pavel Vassiliévitch en se troublant, mais, madame, je... suis occupé... je... je dois partir tout de suite.

– Pavel Vassiliévitch! gémit la dame, et ses yeux se remplirent de larmes. Je vous demande un sacrifice! Je suis insolente, importune, mais soyez magnanime! Je pars demain pour Kazan et je désirerais connaître aujourd'hui votre avis. Offrez-moi une demi-heure de votre attention. Rien qu'une demi-heure! Je vous en supplie!

Pavel Vassiliévitch était, dans l'âme, une lavette et ne savait pas refuser. Et lorsqu'il eut l'impression que la dame allait éclater en sanglots et se mettre à genoux, il perdit contenance et marmonna distraitement:

– Entendu, je vous en prie... je vais vous écouter... une demi-heure, je suis prêt...

Mourachkina eut une exclamation joyeuse, ôta son chapeau, s'assit et se mit à lire. Elle commença par lire le dialogue entre un laquais et une servante rangeant un salon luxueux et parlant longuement de la demoiselle Anna Sergueïevna qui avait fait construire dans le village une école et un hôpital.

---

8. **слу́шать/послу́шать:** *écouter;* слу́шаться/послу́шаться, *obéir;* послу́шный, *obéissant.*

9. **усе́вшись:** gérondif passé de уса́живаться/усе́сться (ся́дусь, ся́дешься).

10. **она́ прочла́ о том, как:** m. à m. *elle lut au sujet de ce que...* о чём чита́ешь? *que lis-tu?* о чём, де́ва, пла́чешь? *pourquoi pleures-tu, jeune fille?*

11. **убира́я:** gérondif présent de убира́ть/убра́ть (беру́, берёшь), *ranger, faire le ménage;* убира́ть ко́мнату, *ranger sa chambre;* убо́рка, *ménage;* убо́рщица, *femme de ménage.*

12. **дли́нно говори́ли:** *parlèrent longuement:* syn. plus courant до́лго говори́ли.

13. **кото́рая постро́ила в селе́ шко́лу:** m. à m. *qui avait construit une école au village;* они́ да́чу стро́ят, *il se font construire une maison de campagne;* село́, *gros village, bourg.*

Горничная, когда лакей вышел, произнесла монолог о том[1], что ученье – свет, а неученье – тьма[2]; потом Мурашкина вернула[3] лакея в гостиную и заставила его сказать длинный монолог о барине-генерале, который не терпит убеждений дочери[4], собирается выдать[5] её за богатого камер-юнкера и находит, что спасение народа заключается в круглом невежестве[6]. Затем, когда прислуга вышла, явилась сама барышня и заявила зрителю, что она не спала всю ночь и думала о Валентине Ивановиче, сыне бедного учителя, безвозмездно[7] помогающем[8] своему больному отцу. Валентин прошел все науки[9], но не верует[10] ни в дружбу, ни в любовь, не знает цели в жизни и жаждет[11] смерти, а потому ей, барышне, нужно спасти его.

Павел Васильевич слушал и с тоской вспоминал о своем диване. Он злобно оглядывал[12] Мурашкину, чувствовал, как по его барабанным перепонкам[13] стучал её мужской[14] тенор, ничего не понимал и думал:

«Черт тебя принес... Очень мне нужно[15] слушать твою чепуху!..

---

1. **моноло́г о том:** cf. note 10, p. 187.
2. **тьма́:** 1) *ténèbres* (ici); ночна́я тьма́, *ténèbres de la nuit;* 2) *multitude;* тьма́ наро́ду, *une multitude de gens.*
3. **возвраща́ть/верну́ть:** *faire revenir, rendre;* кто же мне мо́лодость мою́ вернёт? *qui me rendra ma jeunesse?* верни́ ему́ де́ньги, *rends-lui l'argent.*
4. **не терпит убежде́ний до́чери:** *ne supporte pas les convictions de sa fille;* de терпе́ть (плю́, пишь)/потерпе́ть, *supporter;* я лжи терпе́ть не могу́, *je ne supporte pas le mensonge.*
5. **выдава́ть (даю́, даёшь)/вы́дать (дам, дашь)** + acc.: *marier* (une jeune fille); жени́ть/пожени́ть на + loc. *marier* (un jeune homme), cf. note 5, p. 114.
6. **кру́глое неве́жество:** m. à m. *ronde ignorance;* кру́глый, signifie ici *complet;* это кру́глый дура́к, *c'est un franc imbécile.*
7. **безвозме́здно:** *sans compensation*, mais, возме́здие *châtiment.*

Lorsque le laquais fut sorti, la femme de chambre prononça un monologue expliquant que l'instruction était clarté et l'ignorance ténèbres, puis Mourachkina fit revenir le laquais au salon et lui fit réciter un long monologue sur son maître, un général qui ne pouvait supporter les convictions de sa fille, se préparait à la marier à un riche gentilhomme de la Chambre et estimait que le salut du peuple résidait en une ignorance crasse. Puis, lorsque les domestiques furent sortis, parut la demoiselle en personne qui déclara au spectateur qu'elle n'avait pas dormi de la nuit, songeant à Valentin Ivanov, fils d'un pauvre instituteur qui aidait bénévolement son père malade. Valentin avait étudié toutes les sciences, mais ne croyait ni à l'amitié ni à l'amour, n'avait aucun but dans la vie et aspirait à la mort et c'est pourquoi elle, la demoiselle, se devait de le sauver.

Pavel Vassiliévitch écoutait tout en songeant avec nostalgie à son canapé. Il inspectait méchamment Mourachkina, sentait battre contre ses tympans sa voix de ténor, n'y comprenait rien et songeait:

«C'est le diable qui t'a amenée... J'ai bien besoin d'écouter tes sottises...

---

8. **помога́ющем:** participe passé actif de помога́ть/помо́чь (гу́, жешь) + dat.; помоги́те! *aidez-moi!*
9. **прошёл все нау́ки:** m. à m. *avait parcouru toutes les sciences;* э́то мы еще не прошли́, *cela, nous ne l'avons pas encore étudié.*
10. **верова́ть (ру́ю, ру́ешь) в** + acc.: littéraire pour ве́рить в + acc., *croire* à.
11. **жа́ждать** + gén.: *aspirer à;* жа́жда, *soif.*
12. **огля́дывать/огляде́ть (жу́, ди́шь);** *inspecter du regard, examiner.*
13. **бараба́нная перепо́нка:** m. à m. *membrane tambourine,* désigne le *tympan;* бараба́н, *tambour.*
14. **мужской:** *d'homme;* мужска́я оде́жда, *vêtements pour homme;* мужско́е и́мя, *prénom masculin.*
15. **о́чень мне ну́жно:** (fam.) *j'ai bien besoin de;* о́чень мне нужны́ его́ пода́рки! *Je n'ai que faire de ses cadeaux!*

Ну, чем я виноват, что ты драму написала[1]? Господи, а какя тетрадь толстая! Вот наказание[2]!»

Павел Васильевич взглянул[3] на простенок, где висел портрет его жены, и вспомнил, что жена приказала ему купить н привезти на дачу[4] пять аршин тесьмы, фунт сыру и зубного порошку[5].

«Как бы мне не потерять образчик[6] тесьмы, – думал он. – Куда я его сунул[7]? Кажется, в синем пиджаке... А подлые мухи успели-таки[8] засыпать[9] многоточиями женин портрет. Надо будет приказать Ольге помыть стекло... Читает XII явление, значит, скоро конец первого действия. Неужели в такую жару, да еще при такой корпуленции, как у этой туши, возможно вдохновение? Чем драмы писать, ела бы лучше холодную окрошку[10] да спала бы в погребе...»

– Вы не находите, что этот монолог несколько длинен? – спросила вдруг Мурашкина, поднимая глаза.

Павел Васильевич не слышал монолога[11]. Он сконфузился и сказал таким виноватым тоном[12], как будто не барыня, а он сам написал этот монолог:

– Нет, нет, нисколько[13]... Очень мило...

Мурашкина просияла[14] от счастья и продолжала читать:

---

1. **чем я винова́т, что ты дра́му написа́ла:** m. à m. *en quoi suis-je coupable que tu aies écrit un drame.*
2. **наказа́ние:** *châtiment;* syn. возмездие.
3. **взгляну́ть (ну́, нешь) на** + acc.: *jeter un regard sur;* le suffixe ну indique que l'action n'a lieu qu'une fois.
4. **да́ча:** *maison de campagne,* généralement en bois, située à proximité des grandes villes ou à la campagne, parfois en bord de mer, entourée d'un jardinet comportant immanquablement un potager, quelques arbres fruitiers et des fleurs et où tout citadin aspire à passer son temps libre à la belle saison; ce concept fait partie intégrante de la vie russe citadine, tant passée que moderne; на да́чу, (mouvement), на да́че (sans mouvement).
5. **зубно́й порошо́к:** *poudre dentifrice* (m. à m. *poudre dentaire);* зубна́я па́ста, *pâte dentifrice.*
6. **образе́ц:** *échantillon;* образе́ц гру́нта, *échantillon de terrain, carotte.*

Est-ce pourtant ma faute si tu as écrit un drame? Seigneur, qu'il est épais, ce cahier! Quelle pénitence!»

Pavel Vassiliévitch jeta un coup d'œil sur le trumeau où était suspendu un portrait de sa femme et se souvint que celle-ci lui avait enjoint d'acheter et d'apporter à la maison de campagne cinq archines de ruban, une livre de fromage et de la poudre dentifrice.

«Il ne faut pas que je perde l'échantillon de ruban, songeait-il. Où donc l'ai-je fourré? Dans ma veste bleu marine, je crois... Elle en est à la scène XII, donc le premier acte va bientôt se terminer. L'inspiration est-elle possible par une chaleur pareille et avec la corpulence de cette dondon? Au lieu d'écrire un drame, elle ferait mieux de manger de la soupe froide au kvass et de dormir dans sa cave...»

– Ne trouvez-vous pas que ce monologue est un peu long? demanda soudain Mourachkina en levant les yeux.

Pavel Vassiliévitch n'avait pas écouté le monologue. Il se troubla et dit d'un ton confus, comme si ce n'était pas la dame mais lui qui l'avait écrit:

– Non, non, pas du tout... c'est très gentil...

Mourachkina rayonna de bonheur et poursuivit sa lecture.

---

7. **совáть (сую́, суёшь)/сýнуть (ну, нешь):** *fourrer;* куда же я ключ сýнул? *où donc ai-je fourré la clé?*
8. **успéли-такú:** formule abrégée de успéли всё-таки: *ont quand même eu le temps.*
9. **засыпáть/засы́пать (плю, плешь):** cf. note 2, p. 70.
10. **окрóшка:** soupe froide faite de kvass (boisson glacée au pain noir fermenté) mélangé à des légumes frais finement coupés et assaisonnée de crème fraîche; très prisée lorsqu'il fait chaud.
11. **не слы́шал монолóга:** notez le gén. après не.
12. **виновáтым тóном:** notez l'instr.: спокóйным гóлосом, *d'une voix tranquille.*
13. **нúсколько:** *en aucune façon, pas du tout;* ne pas confondre avec нéсколько, *quelques.*
14. **сия́ть/просия́ть от** + gén.: *rayonner.*

– «*Анна.* Вас заел[1] анализ. Вы слишком рано перестали жить сердцем и доверились[2] уму. *Валентин.* Что такое сердце? Это понятие анатомическое. Как условный термин того, что называется чувствами, я не признаю[3] его, *Анна* (смутившись[4]). А любовь? Неужели и она есть продукт ассоциации идей? Скажите откровенно: вы любили когда-нибудь[5]? *Валентин* (с горечью)[6]. Не будем трогать[7] старых, еще не заживших[8] ран (пауза). О чем вы задумались? *Анна.* Мне кажется, что вы несчастливы[9].»

Во время XVI явления Павел Васильевич зевнул и нечаянно издал зубами звук, какой издают собаки[10], когда ловят мух. Он испугался этого неприличного звука и, чтобы замаскировать его, придал[11] своему лицу выражение умилительного[12] внимания.

«XVII явление… Когда же конец? – думал он. – О боже мой! Если эта мука продолжится еще десять минут, то́ я крикну караул[13]… Невыносимо[14]!»

Но вот наконец барыня стала читать быстрее и громче[15], возвысила[16] голос и прочла: «занавес»[17].

---

1. **заеда́ть/зае́сть (е́м, е́шь):** *ronger;* его́ заеда́ет за́висть, *l'envie le ronge.*

2. **доверя́ться/дове́риться** + dat.: *faire confiance à;* on dit aussi: доверя́ть/дове́рить + dat; дове́рие *confiance;* дове́ренность, *procuration.*

3. **признава́ть (наю́, наёшь)/призна́ть (а́ю, на́ешь):** *reconnaître;* la conjugaison au présent de ces deux verbes ne diffère que par l'accent; при́знанный, *reconnu.*

4. **смути́вшись:** gérondif passé de смуща́ться/смути́ться (шу́сь, ти́шься); cf. note 1, p. 44.

5. **когда́-нибу́дь:** *un jour,* éventuellement, peut-être jamais.

6. **го́речь(-и):** *amertume;* го́рький, *amer.*

7. **не бу́дем тро́гать:** m. à m. *nous n'allons pas toucher;* не бу́дем унывá́ть, *ne nous laissons pas abattre.*

8. **зажи́вших:** participe passé actif de заживá́ть/зажи́ть (живу́, живёшь), *guérir* (intransitif).

9. **несча́стливый:** *malheureux;* несча́стный, même sens; сча́стье, *bonheur.*

– *Anna:* L'analyse vous ronge. Vous avez cessé trop tôt de vivre avec votre cœur pour faire confiance à votre esprit. *Valentin:* Qu'est-ce que le cœur? C'est un concept anatomique. En tant que terme conventionnel pour tout ce qui s'appelle sentiments, je ne le reconnais pas. *Anna* (confuse): Et l'amour? Se peut-il que ce soit le produit d'une association d'idées? Dites-moi franchement, avez-vous jamais aimé? *Valentin* (avec amertume): Ne touchons pas aux blessures anciennes non encore cicatrisées. (Une pause.) A quoi songez-vous? *Anna:* Il me semble que vous êtes malheureux.

Durant la scène XVI, Pavel Vassiliévitch bâilla et émit par inadvertance un claquement de dents semblable à celui que produit un chien attrapant une mouche. Il eut peur de ce bruit incongru et, pour le dissimuler, conféra à son visage une expression d'attention attendrie.

«Scène XVII... Quand donc cela finira-t-il? songeait-il. Oh, Seigneur, si ce supplice dure encore dix minutes, j'appelle au secours... C'est insupportable!»

Mais voici que la dame inconnue précipita sa lecture en haussant le ton, puis éleva la voix et prononça: «Rideau.»

---

10. **какóй издаю́т собáки:** m. à m. *tel qu'émettent les chiens;* издавáть (даю́, даёшь)/издáть (дáм, дáшь), cf. note 15, p. 85.
11. **придавáть (даю́, даёшь)/придáть (дáм, дáшь):** *conférer, ajouter;* le préverbe при exprime ici la notion *d'ajouter.*
12. **умили́тельно:** ici au sens de умилённо, *attendri;* умилéние: *attendrissement;* умили́тельный, *attendrissant;* умили́ть/умиля́ть: *attendrir.*
13. **кричáть карáул:** *appeler au secours;* карáул, *au secours;* почётный карáул, *garde d'honneur.*
14. **невыноси́мо:** *insupportable* de выноси́ть (шу́, сишь)/вынести́ (су́, сёшь), *supporter.*
15. **грóмко:** *fort, bruyamment;* грóм, *tonnerre.*
16. **возвышáть/возвы́сить (шу, сишь):** *élever;* возвы́сить гóлос, *élever la voix;* syn. повы́сить гóлос.
17. **зáнавес:** *rideau* (de théâtre): занавéска, *rideau;* портьéра, *rideau épais.*

Павел Васильевич легко вздохнул и собрался подняться, но тотчас же Мурашкина перевернула[1] страницу и продолжала читать:

– «Действие второе. Сцена представляет сельскую улицу. Направо школа, налево больница. На ступенях[2] последней сидят поселяне и поселянки.»

– Виноват... – перебил[3] Павел Васильевич. – Сколько всех[4] действий?

– Пять, – ответила Мурашкина и тотчас же, словно боясь, чтобы слушатель не ушел, быстро продолжала: – «Из окна школы глядит Валентин. Видно, как в глубине сцены поселяне носят свои пожитки[5] в кабак».

Как приговоренный[6] к казни[7] и уверенный[8] в невозможности помилования, Павел Васильевич уж не ждал конца, ни на что не надеялся[9], а только старался, чтобы его глаза не слипались[10] и чтобы с лица не сходило[11] выражение внимания... Будущее, когда барыня кончит[12] драму и уйдет, казалось ему таким отдаленным[13], что он и не думал о нем.

– Тру-ту-ту-ту... – звучал в его ушах голос Мурашкиной. – Тру-ту-ту... Жжжж...

«Забыл я соды[14] принять, – думал он.

---

1. **перевора́чивать/переверну́ть (ну́, нёшь):** *tourner, retourner;* во́ры в до́ме все переверну́ли, *les voleurs ont tout mis sens dessus dessous dans la maison.*
2. **ступе́нь(-и):** 1) *degré* 2) *marche,* syn. ступе́нька (diminutif).
3. **перебива́ть/переби́ть (бью́, бьёшь):** *interrompre;* notez l'emploi transitif du verbe ici; le préverbe пере exprime ici *l'interférence,* comme dans перегово́р, *conversation téléphonique.*
4. **всех:** *en tout;* syn. всего́; ско́лько всего́ этаже́й в до́ме? *combien la maison a-t-elle d'étages en tout?*
5. **пожи́тки:** *maigres biens;* les villageois, ici, vont les boire.
6. **приговорённый:** participe passé passif de приговаривать/приговори́ть.
7. **ка́знь(-и):** *peine de mort;* казни́ть (imperfectif), *exécuter.*

Pavel Vassiliévitch eut un léger soupir et se disposa à se lever mais Mourachkina tourna immédiatement la page et continua de lire:

– Acte deux. La scène représente une rue du village. A droite, l'école, à gauche, l'hôpital. Sur les marches de ce dernier sont assis des villageois et des villageoises.

– Excusez-moi, l'interrompit Pavel Vassiliévitch, combien y a-t-il d'actes en tout?

– Cinq, répondit Mourachkina et sans attendre, comme si elle craignait que son auditeur ne s'en aille, elle poursuivit rapidement: Valentin regarde par la fenêtre de l'école. On voit, au fond de la scène, les villageois porter leurs effets au cabaret.

Comme un condammé à mort certain de l'impossibilité d'une grâce, Pavel Vassiliévitch cessa d'attendre la fin et, sans plus aucun espoir, s'efforça seulement d'empêcher ses yeux de se fermer et de conserver sur son visage une expression attentive... L'avenir, le moment où la dame terminerait son drame et s'en irait, lui semblait si éloigné qu'il n'y songeait plus.

«Pa-ta-ta-tou», tintait dans ses oreilles la voix de Mourachkina, «bz – bz-bz-zzz...»

«J'ai oublié de prendre du bicarbonate, songea-t-il.

---

8. **уве́ренный в** + loc.: *certain de;* notez la construction.
9. **наде́яться (е́юсь, е́ешься) на** + acc.: *espérer;* наде́жда, *espoir,* même construction dans все мои́ наде́жды на вас: *tous mes espoirs sont en vous.*
10. **слипа́ться/слипну́ться:** *se coller ensemble.*
11. **с лица́ сходи́ть:** m. à m. *descendre du visage;* сходи́ть (жу, дишь)/сойти́ (ду́, дёшь) с + acc.
12. **ко́нчит, уйдёт:** notez cet emploi du futur dans un récit au passé: pas de concordance des temps.
13. **отдалённый:** *éloigné;* formé comme participe passé passif de отдаля́ть/отдали́ть, *éloigner;* в отдалённые времена́, *dans les temps reculés;* отдалённое ме́сто, *endroit éloigné.*
14. **со́да:** *soude;* питьева́я со́да (ici), *bicarbonate de soude* (m. à m. *soude à boire).*

– О чем бишь[1] я? Да, о соде... У меня, по всей вероятности, катар желудка... Удивительно: Смирновский целый день глушит[2] водку, и у него до сих пор[3] нет катара... На окно какая-то птичка села[4]... Воробей...»

Павел Васильевич сделал усилие, чтобы разомкнуть[5] напряженные, слипающиеся[6] веки, зевнул, не раскрывая рта, и поглядел на Мурашкину. Та затуманилась[7], закачалась[8] в его глазах[9], стала трехголовой[10] и уперлась[11] головой в потолок...

– «*Валентин*. Нет, позвольте мне ехать... *Анна* (испуганно). Зачем? *Валентин* (в сторону). Она побледнела! (Ей.) Не заставляйте меня объяснять причин. Скорее я умру, но вы не узнаете этих причин[12]. *Анна* (после паузы). Вы не можете уехать...»

Мурашкина стала пухнуть[13], распухла в громадину[14] и слилась с[15] серым воздухом кабинета; виден был только один ее двигающийся рот[16]; потом она вдруг стала маленькой, как бутылка, закачалась и вместе со столом[17] ушла в глубину комнаты...

---

1. **бишь:** (dans un discours) *déjà* (lorsqu'on a oublié qqch.); как его́ бишь? *comment s'appelle-t-il déjà?*
2. **глуши́ть:** imperfectif, 1) *assourdir;* 2) (fam.) *boire en grande quantité; descendre* (se dit de boissons alcoolisées).
3. **до сих пор:** *jusqu'à présent;* cf. с тех пор, *depuis.*
4. **пти́чка се́ла:** m. à m. *un oiseau s'est assis;* сади́ться (жусь, ди́шься)/сесть (ся́ду, ся́дешь), 1) *s'asseoir* 2) *se poser* (oiseau, avion); поса́дка, *atterrissage).*
5. **разо́мкнуть (ну́, нёшь)** *séparer, desserrer.*
6. **слипа́ющиеся:** participe présent actif de слипа́ться/слипнуться, *se coller, adhérer.*
7. **тума́нить/затума́нить:** *embrumer;* тума́н, *brouillard;* у меня́ голова́ тума́нится, *j'ai la cervelle embrumée.*
8. **кача́ться/закача́ться:** *se balancer;* «что стои́шь кача́ясь, бе́лая рябúна», *qu'as-tu à te balancer, sorbier blanc.*
9. **в его́ глаза́х:** m. à m. *dans ses yeux;* я дура́к в его́ глаза́х, *il me prend pour un imbécile.*
10. **трехголо́вый:** *à trois têtes;* одногла́зый, *borgne;* трехно́гий, *à trois pattes.*
11. **упира́ться/упере́ться (пру́сь, прёшься)** + instr. **в** + acc.:

A quoi songeais-je, au fait? Ah oui, au bicarbonate... Je dois avoir, selon toute probabilité, une gastrite... C'est bien étonnant, Smirnovski avale de la vodka toute la journée, et il n'a toujours pas de gastrite... Un oiseau s'est posé sur la fenêtre... un moineau.»

Pavel Vassiliévitch fit un effort pour desserrer ses paupières tendues qui se fermaient, bâilla sans ouvrir la bouche et regarda Mourachkina. Celle-ci devint brumeuse, oscilla devant ses yeux, devint tricéphale tandis qu'une de ses têtes venait toucher le plafond...

– *Valentin:* Non, permettez-moi de partir... *Anna* effrayée): Pourquoi? *Valentin* (à part): Elle a pâli! (à Anna) Ne m'obligez pas à vous expliquer mes raisons. Je mourrai plutôt que de vous les révéler. *Anna* (après une pause): Vous ne pouvez pas partir...»

Mourachkina se mit à enfler jusqu'à devenir énorme et se fondit avec l'air gris du bureau, on ne voyait plus que ses lèvres qui remuaient, puis elle devint soudain petite comme une bouteille, se mit à vaciller et s'en fut, en même temps que la table, tout au fond de la pièce.

---

*s'appuyer avec... contre;* au figuré упира́ться, signifie *résister, s'obstiner à refuser;* я её пригла́шаю в го́сти, она все упира́ется, *je l'invite mais elle refuse toujours de venir.*

12. **скоре́е я умру́, но вы не узна́ете э́тих причи́н:** m. à m. *je mourrai plutôt mais vous n'apprendrez pas ces raisons.*

13. **пу́хнуть (ну, нешь)/вспу́хнуть:** *enfler;* опу́хшее лицо́, *visage enflé;* пу́хлый челове́к *personne replète.*

14. **грома́дина:** *masse énorme;* грома́да, *objet démesuré;* грома́дный, *énorme.*

15. **слива́ться/сли́ться с** + instr. в + acc.: *se fondre avec, en;* руче́йки слива́ются в ре́чку, *les petits ruisseaux deviennent rivière.*

16. **дви́гающийся рот:** m. à m. *sa bouche qui bougeait;* дви́гающийся, participe présent actif de дви́гаться (нусь, нешься), *se déplacer;* движение, *mouvement, circulation;* доро́жное движе́ние, *circulation routière.*

17. **вме́сте со столо́м:** m. à m. *ensemble avec la table;* cf. en allemand *zusammen mit;* я вме́сте с ним угоди́л в тюрьму́: *nous nous sommes retrouvés en prison lui et moi.*

– «*Валентин* (держа Анну в объятиях). Ты воскресила меня, указала цель жизни! Ты обновила меня, как весенний дождь обновляет пробужденную землю! Но... поздно, поздно! Грудь мою точит неизлечимый[1] недуг...»

Павел Васильевич вздрогнул и уставился[2] посоловелыми[3], мутными глазами на Мурашкину; минуту глядел он неподвижно, как будто ничего не понимая...

– «Явление XI. Те же, барон и становой с понятыми... *Валентин.* Берите меня! *Анна.* Я его! Берите и меня! Да, берите и меня! Я люблю его, люблю больше жизни! *Барон.* Анна Сергеевна, вы забываете, что губите[4] этим своего отца...»

Мурашкина опять стала пухнуть... Дико[5] осматриваясь, Павел Васильевич приподнялся[6], вскрикнул грудным[7], неестественным[8] голосом, схватил со стола[9] тяжелое пресс-папье и, не помня себя[10], со всего размаху[11] ударил им по голове Мурашкиной...

– Вяжите[12] меня, я убил её! – сказал он через минуту вбежавшей[13] прислуге[14].

Присяжные[15] оправдали[16] его.

1887

---

1. **неизлечи́мый:** *incurable;* лечи́ть (чу́, чи́шь)/излечи́ть, *guérir* (transitif).

2. **уставля́ться/уста́виться (влюсь, вишься) на** + acc.: *fixer les yeux sur;* что он на меня́ так уста́вился? *qu'est-ce qu'il a à me regarder comme ça?*

3. **солове́ть (е́ю, е́ешь)/посолове́ть** ou **осолове́ть** (familier): *se ramollir, perdre toute énergie;* он вы́пил ли́шнего и осолове́л, *il a bu un coup de trop et il est dans les choux.*

4. **губи́ть (блю, бишь)/погуби́ть:** *causer la perte de;* ne pas confondre avec погиба́ть/поги́бнуть (ну, нешь), *périr.*

5. **ди́ко:** *sauvagement;* ди́кий, *sauvage* (adverbe).

6. **приподня́ться:** cf. note 2, p. 86.

7. **грудно́й:** de гру́дь, *poitrine,* cf. note 1, p. 40.

8. **неесте́ственный;** *pas naturel;* syn. иску́сственный, *artificiel.*

9. **схвати́л со стола́:** m. à m. *prit de la table.*

– *Valentin* (tenant Anna dans ses bras): Tu m'as ressuscité, tu m'as indiqué le but de ma vie! Tu m'as rénové comme la pluie printanière rénove la terre qui s'éveille! Mais... il est trop tard, trop tard! Ma poitrine est rongée par un mal incurable...»

Pavel Vassiliévitch tressaillit et fixa sur Mourachkina des yeux troubles et égarés; il la regarda une minute, fixement, comme s'il ne comprenait rien...

– Scène XI. Les mêmes, le baron et le commissaire flanqué des témoins... *Valentin:* Emmenez-moi! *Anna:* Je suis à lui. Emmenez-moi aussi. Oui, emmenez-moi aussi! Je l'aime! Je l'aime plus que la vie! *Le baron:* Anna Serguéïvna, vous oubliez que vous causez ainsi la perte de votre père...»

De nouveau, Mourachkina se mit à enfler... Avec un regard sauvage autour de lui, Pavel Vassiliévitch se leva à demi, poussa un cri étrange qui montait de sa poitrine, prit sur la table un lourd presse-papier, et sans se rendre compte de ce qu'il faisait, en frappa de toutes ses forces la tête de Mourachkina...

– Liez-moi, je l'ai tuée, dit-il une minute plus tard aux domestiques qui accouraient.

Les jurés l'acquittèrent.

1887

---

10. **не пóмня себя́:** m. à m. *sans avoir conscience de soi;* пóмнить/запóмнить, 1) *se rappeler* 2) *avoir conscience* (imperfectif seulement).
11. **со всегó размáху:** m. à m. *de tout son élan;* с размáхом, *avec élan;* размáхиваться/ размахнýться, *prendre son élan.*
12. **вязáть (жу, жешь)/связáть:** *lier;* в связи́ с + instr., *en rapport avec;* имéть свя́зи, *avoir des relations;* связнóй, *agent de liaison.*
13. **вбежáвшей:** participe passé actif de вбегáть/вбежáть (гý, жи́шь), *entrer en courant.*
14. **прислýга:** terme collectif désignant les domestiques.
15. **прися́жные:** *jurés;* прися́жный, *juré;* прися́га, *serment.*
16. **оправдывать/оправдáть:** de прáвда, *vérité,* 1) *justifier;* цель оправдывает срéдства, *la fin justifie les moyens;* 2) *acquitter,* подсуди́мого оправдáли, *l'accusé fut acquitté.*

# ИНДЕКС / INDEX

## С

LANGUES POUR TOUS

# 40 Leçons pour parler russe

LA MÉTHODE TOUT EN UN

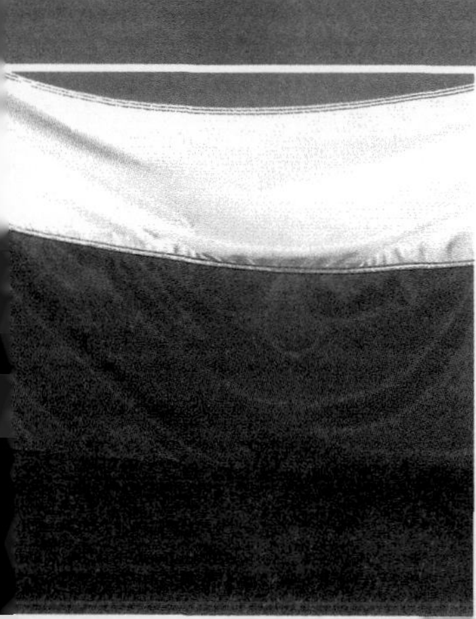

LANGUES POUR TOUS

# Le russe tout de suite !

Pour être rapidement opérationnel

POCKET

LANGUES POUR TOUS

# Grammaire du russe d'aujourd'hui

Imprimé en France par

CPI
Brodard & Taupin

à La Flèche (Sarthe)
en décembre 2009

POCKET – 12, avenue d'Italie - 75627 Paris cedex 13

N° d'impression : 55628
Dépôt légal : juin 2006
Suite du premier tirage : janvier 2010
S16306/02